HEIMAT

KARIN LOCHNER
PETER VON FELBERT (FOTOGRAFIEN)

RUHR

GESICHTER EINER REGION

GEBIET

emons:
WAZ

Inhalt

WIE DIESES BUCH ENTSTAND

»ES HAT EINEN TIEFEN SINN, DASS DER RUHRLÄNDISCHE GAST IN MÜNCHEN SO HERZLICH AUFGENOMMEN WIRD.«

Diesen Satz entnehme ich Erik Riegers (1893 bis 1954) Essay »Ruhrprovinz«. Er trifft zu hundert Prozent auf mich zu. Die Ruhrgebietsfamilien, die sich während meiner Grundschuljahre in der Nachbarschaft zur Sommerfrische einmieteten, bewiesen immer einen fürsorglichen Tatendrang – egal ob es darum ging, ein verletztes Knie zu verarzten oder eine Schaukel einzurichten. Im Gegenzug zeigte ich ihnen barfuß den direkten Weg über die Kuhwiesen zum Badeweiher. Ich mochte die Menschen und ihren Dialekt sofort. Und so durfte ich das ganze Jahr über spätabends »Tegtmeiers Reisen« im Fernsehen schauen – bettfertig im Schlafanzug. Bis ich mich im nächsten Sommer wieder den Ruhrgebietskindern anschließen konnte, die mit ihren Ideen einnehmenden Optimismus verströmten.

Als ich selbst zum ersten Mal das Ruhrgebiet bereiste, erlebte ich geradezu einen Kulturschock. Gewiss, die sprachliche Färbung war mir vertraut, das Land jedoch war dem Ort meiner eigenen Kindheit so entgegengesetzt: so zersiedelt, ausgeweidet und durchlöchert. Die mittlerweile stillgelegten Stahlwerke, Zechen, Gasometer, Kühltürme beeindruckten mich andererseits enorm. Hier war das, was einstmals den industriellen Fortschritt ausmachte, noch mit Händen zu greifen. Als mir Jahre später die Mitarbeit an diesem Buch angeboten wurde und ich so oft in die Gegend von Peter von Felberts Kindheit und Jugend reisen durfte, begann ich Heimat neu zu verstehen. Nur mit Blick auf die architektonischen Klischees werden wir den Einwohnern nicht gerecht, da hatte Peter von Felbert vollkommen Recht. Denn es sind die Menschen, die den Reichtum des Ruhrgebiets ausmachen. Neben den verbliebenen Angehörigen der Montanindustrie leben hier Akrobaten, Imker, Taucher, Kletterer und Spitzenköche und viele mehr. Es gibt im gesamten Ruhrgebiet so viel zu entdecken und zu erleben: Wenn etwa der Klangkünstler Christof Schläger seine Konzerte in einer ehemaligen Maschinenhalle gibt; wenn der ehemalige Bürgerkriegsflüchtling Sri Paskarakurukkal in den größten hinduistischen Tempel Kontinentaleuropas einlädt – und zwar Hindus und Nicht-Hindus gleichermaßen. Und wenn Adolf Winkelmann in seinen Filmen einen nostalgiefreien Blick in die Vergangenheit wirft.

Die Modernisierung des Ruhrgebiets geschieht auch im postindustriellen Zeitalter wieder durch die Menschen, die hier leben oder hierher gezogen sind. Ich wollte in meinen Essays die Kraft dieser Menschen und ihre Sehnsucht nach Innovationen darstellen, wollte zeigen, wie offen, direkt und herzlich sie sind. Die Vergangenheit der Region bildet den Humus für all die Ideen und die Kreativität, die die Bewohner des Ruhrgebiets an den Tag legen. Und das ist kein Klischee. Ja, gewiss, Industriefotografie, Industriedesign und Industriearchitektur sind längst schick, und da hat das Ruhrgebiet wahre Fundgruben zu bieten. Doch am meisten beeindrucken die Menschen, die dort den Alltag gestalten, die aus den Brachen und Leerständen, aus dem urbanen Zwischenraum ihr kreatives und soziales Potenzial schöpfen. Mit ihrem bisweilen hemdsärmeligen Optimismus, der sie mit den Generationen verbindet, die einst diese Gegend reich schufteten. Dieses Buch versammelt Porträits von Persönlichkeiten, die nur auf diesem Flecken des Planeten leben möchten. Sie könnten nicht unterschiedlicher sein und haben doch eines gemeinsam: die Liebe zu ihrer Heimat.

Karin Lochner und Peter von Felbert

Unser Dank geht an:
Petra Püttmann, Heike Motnik, Bert Butzke und Bert Giesche, ohne deren Hilfe dieses Buch nicht entstanden wäre.

IMKER

OLIVER HÄCKEL

Riesige Stahlrohre, rostrote Wände: Der fotogene Doppelbock von Schacht 12, das Wahrzeichen des UNESCO-Welterbes Zollverein ist in seiner ganzen Wuchtigkeit nicht zu übersehen. Wer die ungewöhnlich vielen Bienen dort entdecken will, muss schon etwas genauer hingucken. Dabei summt und brummt es im ganzen Zollverein-Gebiet zwischen schlanken Birken, rotköpfigen Malven und dottergelbem Löwenzahn. Hobby-Imker Oliver Häckel ist begeistert über das emsige Treiben vor den Fluglöchern seiner Bienenstöcke.

Rein und raus, kommen und wieder wegfliegen. Die Bienen haben den Frühlingshonig bereits eingetragen. Jetzt muss der Imker das Schwarmverhalten der Völker kontrollieren und dafür sorgen, dass ihm keine Bienenkönigin ausbüxt, um ein neues Volk zu bilden. Um Oliver Häckels bunt bemalte Bienenstöcke herrscht quirliges Leben. Er weiß schon jetzt: Das gibt ein ertragreiches Honigjahr! Bald wird er den ersten Honig in der ehemaligen Schwarzkaue schleudern und abfüllen. Oliver Häckels Bienenstöcke stehen an einem Ort, wo man solche Insekten-Behausungen eher weniger erwartet: auf einem begrünten Flachdach gegenüber der ehemaligen Zeche und Kokerei Zollverein. Von hier oben präsentiert sich das Revier besonders attraktiv. Keine Kohlenpottschwärze, dafür ausladende Baumwipfel, die zwischen den ausgedienten Industrietempeln in den Himmel wachsen. Dass die pelzigen Untermieter genau hier ihr Domizil haben, hat Oliver Häckel seinem Arbeitgeber, der RAG Montan Immobilien GmbH, zu verdanken. Die einprägsame Adresse seines Arbeitgebers ist gleichzeitig der Wohnsitz seiner Bienenvölker: Im Welterbe 1-8, Essen.

Bienenstandort der Extraklasse

Weil Zeche und Kokerei Zollverein sowohl für das alte wie für das neue Ruhrgebiet stehen, ist Welterbe Zollverein kein Arbeitsplatz wie jeder andere. Und erst recht kein gewöhnlicher Standort für Bienenvölker. Es ist eine Industriebrache, wie sie im Buche steht. Hier war die RAG als ehemalige Ruhrkohle AG Hausherrin; mittlerweile gehört das Gelände der Stiftung Zollverein. In ihren goldenen Jahren war die Zeche Zollverein das Kohlebergwerk mit der höchsten Jahresförderung in Deutschland und galt als größte, schönste und modernste Zeche der Welt. Fast 7.000 Menschen arbeiteten hier. Doch seit Ende des Jahres 1986 ist Schicht im Schacht, und das Gelände blieb sich selbst überlassen. In den folgenden 15 Jahren holte sich die Natur ihren Platz zurück und wucherte machtvoll unkontrolliert in und um die verwaisten Bauten.

2001 zeichnete die UNESCO Zeche und Kokerei mit dem Prädikat »Welterbe« aus. »Heute ist Zollverein die größte Touristenattraktion der Region«, freut sich Oliver Häckel. Hier lässt sich nicht nur bedeutende Industriegeschichte, sondern auch ein einmaliges Ökosystem beobachten. An dessen Entstehung hat Häckel mitgewirkt, als er 2013 die ersten beiden Bienenvölker auf dem Dach seines Arbeitgebers ansiedelte.

Naturbelassenes Blütenmeer

Auf den ersten Blick dominieren die Respekt einflößenden Industriebauten das gesamte Areal. Sehr heimelig wirkt das nicht. Doch Zigtausende Honigbienen scheinen die Altlasten von Zeche und Kokerei nicht zu stören. Wie im Flug eroberten sie sich in den letzten Jahren ihre neue Heimat. Und der erfahrene Imker Oliver Häckel weiß ohnehin, was Bienen brauchen. Alles finden sie hier vor ihrer Haustür.

Mit wildem Wein, Efeu, Himbeeren, Brombeeren, Wildrosen und Liguster ist ihr Tisch zur Blütezeit reich gedeckt. Dazu kommt ein farbenprächtiges Blütenmeer aus Malven, rotem Klee, Johanniskraut, Storchschnabel, Katzenminze, Hamamelis und Fetthenne – die reine Freude für den summenden Bienenchor. Oliver Häckel erklärt, dass die ehemals industrielle Umgebung für Bienen keineswegs ein Problem darstellt. Im Gegenteil. Zwischen Eisen und Beton fänden die emsigen Flieger mehr als genug Futter in hoher Qualität: »Oft ist es hier weniger von Pestiziden belastet als auf dem Land.«

Jeden Sommer erntet Oliver Häckel bis zu 120 Kilogramm Honig

Denn auf dem früheren Kokerei- und Zechengelände breiten sich, wie auf vielen alten Industrieflächen des Ruhrgebiets, Blumen, Sträucher und Bäume ungehindert, unkontrolliert und ungespritzt aus. All diese Blüten wollen bestäubt werden. »Durch die unverbaute Lage sind ehemalige Montanstandorte sogar sehr attraktiv für Bienen«, weiß Oliver Häckel. Dort, wo früher staubige Kohle die Welt einschwärzte, entsteht jetzt bernsteinfarbener »Honig vom Welterbe Zollverein«. Dem Imker stehen freilich zahlreiche hochmotivierte Mitarbeiterinnen und Mitarbeiter zur Seite: acht Königinnen und ihre emsigen Völker. Nicht weniger als eine fünfzigtausendköpfige Schar!

Imkern – ein ökologisch wertvolles Hobby

Oliver Häckel ist gelernter Elektriker und arbeitet seit 40 Jahren bei der RAG. Er begann als Elektro-Fahrsteiger unter Tage, holte auf dem zweiten Bildungsweg sein Abitur nach und studierte schließlich Nachrichtentechnik. Heute sitzt er meistens im Büro und beschäftigt sich mit den Spätfolgen des Bergbaus, den sogenannten Ewigkeitslasten, denn die RAG Montan Immobilien saniert industriell vorgenutzte Flächen. Das Imkern betreibt Oliver Häckel ausschließlich in seiner Freizeit und

nach Feierabend. Eine willkommene Abwechslung zum 40-Stunden-Job. Auch für seinen Arbeitgeber sind die Honigbienen eine Herzensangelegenheit. Gemeinsam mit dem Naturschutzbund (NABU) wollte die RAG gezielt Lebensraum für Bienen schaffen und spendierte das Imker-Equipment. Allerdings nicht, damit wohlschmeckende Werbegeschenke produziert werden können, sondern um Bienenfans aus dem Revier zu einem Bienennetzwerk zusammenzuschließen und so gemeinsam etwas gegen das Bienensterben zu tun.

Diese Idee stammte vom Vorsitzenden der Geschäftsführung der RAG Montan Immobilien, Professor Dr. Hans-Peter Noll. Inspiriert hatte ihn sein in Wien studierender Sohn, der von dort ein Glas »Honig vom Hochhaus« mitbrachte. Noll war begeistert und stieß schließlich unter seinen Mitarbeitern auf den leidenschaftlichen Hobby-Imker Oliver Häckel, der das Projekt nun seit drei Jahren praktisch umsetzt. Mit der Bienenhaltung auf dem Dach befinden sich Imker Häckel und sein Vorgesetzter Noll in guter Gesellschaft: Urban Bee-Keeping und Urban Gardening sind mittlerweile in vielen Großstädten weltweit eine angesagte Freizeitgestaltung.

Professor Dr. Hans-Peter Noll, wie Oliver Häckel ein Kind des Ruhrgebiets, hat aber nicht nur ein Faible für Bienen. Er will ehemalige Montanstandorte, »von denen die RAG mehr als genug besitzt«, auch anderweitig nachhaltig gestalten. Und das gelingt: Heute haben Kreuzkröten, Schleiereulen, Fledermäuse, Libellen, Bienen und diverse geschützte Vogelarten in den ehemaligen Arbeitsstätten der Vorväter über und unter Tage ein neues Zuhause gefunden.

Für das Imkern fand Professor Hans-Peter Noll unter seinen Mitarbeitern den leidenschaftlichen Hobbyimker Oliver Häckel

Die Respekt einflößenden Industriebauten dominieren das gesamte Areal. Zigtausende Honigbienen scheinen die Altlasten von Zeche und Kokerei indes nicht zu stören

Wenn Häckel gefragt wird, ob sein Honig etwa mit Schwermetallen oder Abgasen belastet sei, kann er ruhigen Gewissens abwinken: »Keineswegs, Bienen produzieren sogar unter schwierigen Umweltbedingungen in der Regel sauberen Honig.« Sie sammeln ihr Futter aus frisch aufgeblühten Blumen, so dass kaum Zeit bleibt, Luftschadstoffe aufzunehmen. Außerdem hat die Luftbelastung im Ruhrgebiet durch den Wegfall der Montanindustrie stark abgenommen. Rußfilter, Katalysatoren und Rauchgasentschwefelung tun das Übrige.

Sanftmütig und produktiv

Mittlerweile betreut Oliver Häckel schon acht Völker der »Carnica-Bienen«. Keiner der vielen Zollverein-Besucher muss jedoch Angst vor Stichen haben. Die dort lebenden Bienen sind durchaus als sanftmütig zu bezeichnen. Nur im Sommer, wenn der Honigraum auf dem Dach bereits gut gefüllt ist und Häckel an den Stöcken hantiert, verteidigen die Wächterinnen ihren Vorrat. Da trägt er dann den Imkerschleier, um sich zu schützen. An den Fluglöchern herrscht weiterhin lebhafter Betrieb, die Bienen stauen sich sogar in der Einflugschneise. Sie fliegen in einem Umkreis von bis zu drei Kilometern aus. »Seit zwei Wochen blühen die Linden. Sie verleihen dem Sommerhonig ihr Aroma«, sagt Häckel. Der zarte Frühlingshonig hingegen schmeckt nach Brombeeren und Holunder. Auf seine fleißigen Bienen kann Oliver Häckel stolz sein. An guten Tagen legt die Bienenkönigin bis zu 2.000 Eier und produziert ihre Nachfolgegenerationen. Im Jahr erntet Oliver Häckel bis zu 120 Kilogramm Honig. Der Deutsche Imkerbund bestätigte die Spitzenqualität des »Honigs vom Welterbe« mit einer Goldurkunde. Traditionell verschenkt die RAG Montan Immobilien einen Teil der Ernte an Mitarbeiter und Kunden. Solange der Vorrat reicht, wird der Honig im 250-Gramm-Glas verkauft. Der Erlös fließt vollständig an den NABU. Mit dem Geld legt man neue Bienenweiden an, schützt heimische Wildbienenarten oder vermittelt ehemalige Bergbauflächen als Bienenstandorte an Imker. Das Ruhrgebiet wird also weiterhin kräftig summen – ganz im Sinne der Nachhaltigkeit.

FILMREGISSEUR UND KÜNSTLER

ADOLF WINKELMANN

Ein Wohnzimmer mit Nierentisch und Blümchentapete. Die schwarz-staubige Schütte steht neben dem Kohlenofen. Bastschoner liegen unter den Sinalco-Flaschen. Und darüber hängt ein Weihwasserbehälter mit der Heiligen Barbara, der Schutzheiligen der Bergleute. Wer hat hier das Rad der Zeit zurückgedreht?

Ein Kamerakran fährt langsam zum Wohnungsfenster und wirft von außen einen Blick in die enge Bergarbeiterwohnung. Hier leben die frühen sechziger Jahre wieder auf, als das Ruhrgebiet noch ächzte, rauchte und malochte. Der Dortmunder Regisseur Adolf Winkelmann wacht aufmerksam über die filmische Zeitreise. Bisher war nur ein samtenes Surren der technischen Ausrüstung in den meterhohen Wänden des Filmstudios zu vernehmen. Jetzt donnert Winkelmanns Stimme für alle hörbar: »Danke! Aus! Haben wir!«

Schlagartig kommt Bewegung in die Szenerie rund um den Filmdreh. Gerade noch konzentriert arbeitende Menschen erheben sich aus ihren Stühlen oder nehmen die Kopfhörer von den Ohren. Die einen können sich nun einen Kaffee holen, andere bereiten die nächste Einstellung vor. Dicke Kabel liegen wie träge Schlangen am Boden. Die Assistentin der Requisite steigt darüber, erklimmt den Filmstudio-Balkon und pudert zum wiederholten Male Kohlenstaub an die Balustrade. Gleich wird sich der kindliche Hauptdarsteller hier abstützen und schmutzig machen, wie es halt damals so war, als die Schlote noch rauchten.

Winkelmann wünscht sich ihr Getupfe gleichmäßiger: »Einfach locker verteilen, sonst sieht es fleckig aus.« Mit fragendem Gesichtsausdruck wendet sich der Kameramann an ihn: »Ich habe fünf Meter Tiefenschärfe zu überspringen.« Der Regisseur deutet mit dem Zeigefinger von der Balkontür zum Fenster: »Du schwenkst hier weiter.« Winkelmann ist seit Jahrzehnten im Filmgeschäft, ein alter Hase, logisch weiß dieser Profi, wie Tiefenschärfe und Kohlenpuder optimal zur Geltung kommen.

Er steckt mitten in den Dreharbeiten zum Kinofilm »Junges Licht« nach dem gleichnamigen Roman von Ralf Rothmann. Im Drehbuch steht, dass Julian in der nächsten Szene der verführerischen Maruscha Zigaretten anbietet. Von ihr kommt kurz darauf der Schlüsselsatz: »Wenn du dich für die Freiheit entschieden hast, kann dir gar nichts passieren.«

Das alte Ruhrgebiet – konserviert im Film

Worte mit gewaltiger Wirkung. Der Satz passt auch zu Winkelmann selbst. Der Regisseur dreht wieder einen Ruhrpott-Film. Und entscheidet sich für all die Freiheit, die er sich in Komödien, Dramen und Thrillern erarbeitet hat. Manche seiner Filme verkauften sich erfolgreich international, andere Streifen waren eigenwillige Experimentalfilme für wenige Kenner. Winkelmanns Werk reicht von Low Budget über Road-Movies bis zur großen Produktion mit internationalen Stars.

»Ich musste diesen Film jetzt machen, weil das Ruhrgebiet verschwindet«, erklärt Winkelmann mit einem Hauch von Wehmut in der Stimme. Die Erinnerungen an seine eigene Kindheit entsprechen den Bildern, die er jetzt gemeinsam mit seinem 120-köpfigen Team kreiert. Es war die Zeit der Hochofenromantik, als Kinder zum Büdchen umme Ecke geschickt wurden, um für Vati Bier und Zigaretten zu kaufen. Ist heute pädagogisch verwerflich, genau wie die Tatsache, dass Mutti an der Pommesbude Currywurst für alle holte. Aber damals hatte das typische Revier-Fastfood noch den Ruf, nährend, substanzreich und kerngesund zu sein.

Adolf Winkelmann, 1946 geboren, wuchs in Dortmund auf. Schon früh beschäftigte er sich mit Film und studierte nach dem Abitur Fotografie bei Floris Michael Neusüss in Kassel, gemeinsam mit vier anderen Studenten. Die Aufbruchsstimmung des ersten Schaffens spiegelt sich fortan in seinem Werk.

FPS 24.000
SYS
3.2K
POWER
VIDEO
SDI

120Hz/100Hz
SHUTTER 172.8
EI 400
WB 5600 CC +0
MON
709
EVF
709
LOOK
JUNGES LICHT
ROLL
A112
SCENE
55-57/3
TAKE
1
DIRECTOR: Adolf Winkelmann
CAMERA: David Slama
DATE: 18.8.15
FPS
3.2K
28mm
EXT DAY
78%
REC
CLIP A112 C008
REMAIN 13 MIN
Panasonic
SDI 2
YPBPR/ RGB
DVI-D
MENU
ENTER
SELECT
1 2 3 FUNCTION 4 5
PHASE
CHROMA
BRIGHT
CONT/ B. LIGHT
VOLUME

Er scheut sich nie, ausgetretene Wege zu verlassen oder vermeintlich unattraktive Stoffe zu thematisieren.

Weil ihn in den zehn Jahren in Kassel stets das Heimweh plagte, kehrt er nach deren Ablauf zu seinen Wurzeln zurück. Das Timing erweist sich als perfekt: Die Fördertürme stehen noch, aber der Kohleabsatz stagniert und die Stahlkrise fordert ihre ersten Opfer. Während der Stolz einer ganzen Region schrumpft, schießen die Arbeitslosenzahlen in die Höhe. Der bis dahin unbekannte Regisseur schafft es dennoch, seine krisengeschüttelte Heimat in seinen Filmen liebenswert darzustellen und unsterblich werden zu lassen. Winkelmanns Spielfilmdebüt 1978 ist die Komödie »Die Abfahrer«. Noch heute kann jeder den Spruch »Kann mir mal einer sagen, warum ich überhaupt noch hier bin?« zitieren. Vier Jahre später erzählt »Jede Menge Kohle« die Geschichte des Bergmanns Katlewski. Die berühmteste Szene ist eine unkonventionelle Gütertrennung, garniert durch die Worte: »Es kommt der Tag, da will die Säge sägen.« Auch diesen Satz kennt jeder im Pott. Nicht jeder Fan weiß jedoch, dass der Film auch technisch eine Pionierleistung war. Knapp zwei Wochen lang drehte Winkelmanns Team bei 40 Grad unter Tage mit einer Kamera aus den 1930er-Jahren. Wegen der Explosionsgefahr durfte kein elektrisches Gerät benutzt werden.

Cooler Ruhrpott-Slang

Zehn Jahre später erntet der Fußballfilm »Die Nordkurve« viele Lorbeeren, sowohl beim ballverrückten Publikum im Pott, als auch landesweit bei den Kritikern. An Winkelmanns Filmen kommt im Ruhrgebiet keiner vorbei. Die Geschichten bestechen durch die detailgetreue Zeichnung eines Milieus im Umbruch, besonders aber durch die unnachahmlich komisch-grotesken Dialoge. Unter der harmlosen Maske der Belanglosigkeit steckt eine enorme Durchschlagskraft, die den Nerv von zwei Generationen trifft.

Die Schlüsselszenen der Filme gehören mittlerweile zum kollektiven Bewusstsein der Region. Die Werke leben vom typischen Ruhrgebiets-Slang, der Winkelmann »Gänsehaut macht«, jener maulfaulen Sprachgewalt und holprigen Präzision, wie sie Frank Goosen und Jochen Malmsheimer in »Tresenlesen« oder Atze Schröder auf dem Bildschirm zelebrieren. Doch da war Ruhrdeutsch längst salonfähig und von der pottvernarrten Subkultur entsprechend honoriert worden.

Es ist das Verdienst von Adolf Winkelmann, dass er seine Filme hier drehte, lange bevor der Pott cool war. Den aktuellen Film »Junges Licht« musste er jetzt machen, weil das alte Ruhrgebiet bald verschwunden sein wird

Es ist ja gerade das Verdienst von Winkelmann, dass er seine Filme drehte, lange bevor das Revier cool war. Dass die Filme Kult sind, empfindet er als Kompliment. Unzählige Male hörte er schon: »Ihre Filme waren so wichtig in meiner Jugend. Manchmal antwortet er augenzwinkernd: »Schade, dass sich das nicht finanziell bemerkbar machte.«

Tabubrüche und das Spiel mit Klischees

Winkelmann kann nicht nur Komödie, er kann auch unbequem sein und Tabuthemen ansprechen wie in seinem Film »Contergan«. Der WDR-Zweiteiler erzählt – fiktionalisiert – die Geschichte des Schlafmittel-Skandals. Als der Fernsehfilm nach jahrelanger Verzögerung 2007 endlich ausgestrahlt werden durfte, bekam er unzählige Preise. Das Publikum belohnte die Zivilcourage mit Einschaltquoten, ähnlich hoch wie bei einem Länderspiel. Der Hersteller, Pharmakonzern Grünenthal, hatte massiv gegen die Ausstrahlung des Films geklagt. Vergebens. Der Film schrieb sogar Geschichte: So beschloss der Bundestag Anfang Mai 2008 einstimmig eine Verdoppelung der monatlichen Entschädigungszahlungen an die Opfer. Durch die geballte Medienpräsenz kam es nach einem halben Jahrhundert zum ersten Mal zu Gesprächen zwischen Grünenthal und den geschädigten Menschen.

Doch Winkelmanns Filme sind nicht nur auf der Leinwand oder im Fernsehen präsent. Er kreiert auch Video-Installationen. Die bekannteste davon ist auf dem Dortmunder U zu sehen. Dieses ehemalige Brauereigebäude galt über Jahrzehnte als Schandfleck, seit es nicht mehr genutzt wurde und dem Verfall anheimfiel. Winkelmann verwandelte den Koloss 2009 in ein Dortmunder Wahrzeichen aus Licht und Bildern, die mit den Klischees des Potts spielen. Auf der Dachkrone diffundieren seine »Fliegenden Bilder«: Bier sprudelt, Tauben picken, schwarz-gelbe Kicker schießen, Vögel fliegen in den Himmel. Ungeheure Datenmengen, insgesamt 20 Terabyte, mussten verarbeitet

»ALLES AN UNSERER HEIMAT IST GROSSES KINO. BRAUCHST JA NUR AUS DER TÜRE RAUS UND FINDEST DEINE STOFFE UND DEINE GESCHICHTEN.«

werden. Nicht nur außen, auch im Innern des Dortmunder U laufen unablässig Winkelmanns experimentelle Filme. Sein Ehrgeiz war es, »eine Verdichtung von Ruhrgebietsklischees« zu zeigen. Auch der Film »Junges Licht« verdichtet Klischees, ohne jemals schablonenhaft zu sein. Mittlerweile wird im Filmstudio die letzte Einstellung des Drehtages vorbereitet. Der Regisseur erklärt den jugendlichen Schauspielern, wie die nächste Szene ablaufen soll. Die Maskenbildnerin überprüft das Aussehen von Julian und wuschelt ihm durch die Haare. Dann geht es los: »Ton ab, Achtung, Klappe.«

Winkelmann schaut vergnügt durch seine Hornbrille. Nun dreht er also wieder einen Ruhrgebietsfilm. Nach über 20 Jahren Pause. Der Film ist – erneut – eine Hommage an seine Heimat. War der erste (»Die Abfahrer«) noch ein Low-Budget-Film, ist diese Produktion hingegen hollywoodreif. Er gibt zu, dass er sich selbst manches Mal fragte: »Kann mir mal einer sagen, warum ich überhaupt noch hier bin?« Ihn zieht es nicht wie so viele andere Künstler nach Berlin, Winkelmann ist immer noch in Dortmund: »Brauchst ja nur aus der Türe raus und findest alles: deine Stoffe, deine Geschichten.«

Gleich beim Dortmunder U befindet sich sein Schnittstudio. Hier läuft er tagtäglich an Kneipen vorbei, an Änderungsschneidereien, Dönerbuden, Baustellen, türkischen Frisören, an Schmuddelkindern, aber auch an Bonzen und teuren Autos. Es ist wohl dieser Mix, der bei Winkelmann die Energie freisetzt, sich über Jahrzehnte künstlerisch an »dieser Heimat in Anführungszeichen« abzuarbeiten. Es gelingt ihm sogar, das Ruhrgebiet als exotischen Sehnsuchtsort darzustellen. Hier wird noch geträumt. Von einem anderem Leben. Von Toren. Von Gerechtigkeit. Oder vom ersten Kuss. Von was spielt keine Rolle. Hauptsache, es gibt einen Traum und die Hoffnung, dass er sich erfüllt. Genau deshalb sind Winkelmanns Filme ganz großes Kino.

SUPER
BVB
09
BVB
09

PFARRER AUF SCHALKE

ERNST-MARTIN BARTH

Heute soll Liam Caleb getauft werden. Der evangelische Pfarrer Ernst-Martin Barth wirft sich seinen Talar über, rückt die Stola zurecht und geht der Taufgemeinde entgegen. Mutter Sabrina und Vater Mark haben sich fein gemacht. Ihre Kinder Zoe und Jean, beide im Teenageralter, sind ebenfalls herausgeputzt. Eltern, Paten, Verwandte und Freunde fahren mit erwartungsvollen Mienen auf einer Rolltreppe in die »Mixed Zone«. Dort befindet sich auch der Eingangsbereich des Gotteshauses.

Der Täufling strampelt mit Armen und Beinen und gluckst dabei vergnügt. Pfarrer Ernst-Martin Barth begrüßt die Schar mit »Glück auf«: Er versieht seinen Dienst im königsblauen Fußballtempel in der Kapelle der im Jahr 2001 eröffneten Arena »auf Schalke«. Dort traut Barth Paare, tauft Kinder, gelegentlich Erwachsene und zelebriert das Abendmahl. Andachten, Meditationen und seelsorgerische Gespräche finden ebenfalls in der Arena-Kapelle statt. Der fensterlose Raum nahe den Umkleidekabinen, in dem sich die Festtagsgesellschaft versammelt, wirkt seltsam vertraut. Kein Wunder, ist er doch republikweit im deutschen Fernsehen zu sehen, wenn Journalisten die in Schweiß gebadeten, hechelnden Fußball-Gladiatoren nach einem Spiel interviewen.

Die Gruppe tritt von dort durch eine zweiflügelige Glastür, der Organist zieht die Register seines Instruments und greift in die Tasten. Der Küster– Dauerkartenbesitzer wie Pfarrer Barth – teilt Gesangsbücher aus. Der helle Kirchenraum ist schlicht und klar. Ein schöner Kontrast zur königsblauen Herrlichkeit draußen. »Das Gotteshaus in der Arena ist ein Ankerpunkt für jeden, der hierher kommen möchte«, erklärt der Geistliche. Aus ganz Deutschland pilgern Schalke-Fans zu Trauungen, Ehejubiläen und Taufen an diesen Ort. Hier taufte Barth in seinem ersten Amtsjahr fünfmal so viele Kinder wie in seiner Stammgemeinde.

Auf der gegenüberliegenden Seite des Stadions, unter dem großen S, hat Ernst-Martin Barth seinen festen Dauerkartenplatz. Hier hält er seinen Schalke-Schal hoch, wenn die Hymne des Kohlenpotts – »Glück auf, der Steiger kommt« – gespielt wird und das Vereinslied ertönt. Wie alle anderen Fans singt er dann lauthals »Blau-weiß, wie lieb ich dich!«, genau wie mancher Bräutigam, den er traute, und wie manches Kind, das er taufte.

Das Leben – ein Fußballspiel

Der Pfarrer hebt in diesem Moment seine Hände: »In unserer Welt geht es nicht immer zart zu.« Barth blickt vom Vater über den Paten zu Liam Caleb und fährt fort: »Das weiß der Papa als Innenverteidiger genau.« Mark zupft seinem Spross die Schalke-Socken zurecht und steckt ihm den Schalke-Schnuller in den Mund. Liam Caleb ist seit seiner Geburt Mitglied des Sportvereins Schalke 04. Wer in der Arena-Kapelle zu Pfarrer Barth kommt, räumt dem Verein so viel Raum im Leben ein, dass man mit Fußball-Metaphern das menschliche Dasein erklären kann.

Malochen, kämpfen, grätschen, dribbeln, kontern, manchmal gewinnen, manchmal verlieren. Das kennt nicht nur Liam Calebs Vater, der Innenverteidiger, das kennt jeder im Revier. Ernst-Martin Barth schwärmt deshalb für die Menschen seiner Heimat – des Herzlandes des Fußballs. Er kennt ihre Treue, schätzt ihr Durchhaltevermögen, weiß um ihre Gradlinigkeit und ist, wie sie, tief verwurzelt in der Tradition des Arbeitersports Fußball.

Fußballspiel ist Begeisterung, die trotz aller Widrigkeiten gelebt wird. In Gelsenkirchen ist den Menschen viel von dem weggebrochen, an dem sie sich einst festhalten und orientieren konnten. Der Fußball bleibt. Er steht für Beständigkeit und Veränderung zugleich. Der Verein, für den die Fans ihre Schals in die Höhe recken, wird noch da sein, wenn der Job verloren oder mancher Kumpel bereits unter der Erde ist. Haben Fußball und Religion etwas gemeinsam? Mehr als man zunächst denkt: Beide kennen Überhöhung und Ernüchterung, Liebe und Schmerz, Wechselbäder der

WENN IHR AUFS FELD GEHT,
SEID IHR NICHT ALLEIN,
STAN
LIBUDA
Pokalsieger 1972
Vizemeister 1972

Gefühle, auferlegte Prüfungen und unbedingte Treue. Die Beziehung dauert ein Leben lang, begleitet von vielen Ritualen. Die Fangesänge erinnern an Wechselpsalter – liturgische Handlungen im Gottesdienst– bei denen ein Teil der Gemeinde laut betet und der andere darauf reagiert.

Fingerzeig von oben

Gott im Fußballstadion? Ja doch, die Arena kann schon so Ehrfurcht gebietend wirken wie eine Kathedrale, der ausfahrbare Rasen ist für die Fans ganz ohne Frage »heiliger Boden«. Nicht umsonst wird bei diesem Ballspiel immer wieder der Fußballgott beschworen, wie schon bei der Weltmeisterschaft des Jahres 1954, als Radioreporter Herbert Zimmermann dem Torhüter der Nationalelf mit sich überschlagender Stimme bescheinigte: »Toni Turek, du bist ein Fußballgott.«
Und als vor Jahrzehnten Plakate für eine Veranstaltung mit dem Slogan »Keiner kommt an Gott vorbei« warben, schrieben Schalke-Fans jedes Mal »außer Stan Libuda« darunter. Dieser Spruch wurde sogar Untertitel eines Musicals über den FC Schalke 04. Wer Karten dafür kauft, fühlt sich, als besuche er ein religiöses Hochamt.

Wie bringt ein evangelischer Pastor Fußball und Gott zusammen? Der Arbeitsplatz von Ernst-Martin Barth liegt nur wenige Schritte von den Spielerkabinen und der Interviewzone entfernt, in Sichtachse zum Spielertunnel und in einer Fluchtlinie mit dem Anstoßpunkt beim Anpfiff.

Seit gut zweieinhalb Jahren wirkt Pfarrer Barth in der Herzkammer von Schalke 04. Leidenschaftlicher Fan ist er aber schon sehr viel länger. Bereits seit frühester Jugend fiebert er mit den Königsblauen.

Was haben Fußball und Religion gemeinsam? Fußball ist Überhöhung und Ernüchterung, Liebe und Schmerz, Wechselbad der Gefühle, auferlegte Prüfung und unbedingte Treue

Titanic Blue Boys
1999
VELTINS AR

»FUSSBALLSPIEL IST BEGEISTERUNG. TROTZ ALLER WIDRIGKEITEN. ES STEHT FÜR BESTÄNDIGKEIT UND VERÄNDERUNG ZUGLEICH. DAS GOTTESHAUS IN DER ARENA IST EIN ANKERPUNKT FÜR JEDEN, DER HIERHER KOMMEN MÖCHTE.«

Das war auch so, als Schalke beim letzten Spiel der Saison 2001 für knappe vier Minuten meinte, den Meistertitel in der Tasche zu haben. Was für ein Wechselbad der Gefühle! Und Schalke war, na ja, er gesteht es schmunzelnd, auch schon Prüfung. So überredete er seine damalige Freundin Birgit, den Skiurlaub in Österreich um einen Tag zu verkürzen. »Geschickt eingefädelt« machten sie in Stuttgart Halt und besuchten das Schalker Auswärtsspiel. »Es ging schließlich um den Klassenerhalt!« Heute ist Birgit Barths Ehefrau.

Kicker von Kindesbeinen an

Ernst-Martin Barth ist in Marl-Hüls im Schatten der Fördertürme durch Straßenfußball auf Feldern und Brachen mit selbst aufgestellten Toren und eigenhändig geknüpften Netzen aus Bast sozialisiert worden. Stand ihnen kein Ball zur Verfügung, kickten sie mit einer Dose. Für den Theologen war und ist Fußball die schönste Nebensache der Welt.

Neben dem Fußball prägte ihn seine christliche Erziehung. Sein Großvater und ein Onkel mütterlicherseits waren evangelische Pfarrer. Überdies gab es den lebensnahen Gemeindepastor, einen Freund der Familie, der mit seiner Seelsorge zeigte, wie bereichernd das Leben im Dienste Gottes sein kann. Nach dem Abitur entschloss sich Ernst-Martin Barth deshalb zum Studium der evangelischen Theologie. Dafür kehrte er dem Ruhrgebiet sogar vorübergehend den Rücken und lebte in Bielefeld und Münster. Seinem Fußballverein blieb er allerdings auch in der Diaspora stets treu. Als junger Vikar kehrte er dann zurück nach Gelsenkirchen. Seine Ehefrau Birgit hatte sich zu der Zeit schon längst mit dem Schalke-Virus infiziert, die beiden Töchter sind »echte Schalker Mädchen«, erklären die Eltern stolz.

Als er vom Superintendenten, eine Art evangelischer Vereinspräsident, gefragt wurde, ob er die »halbe Stelle auf Schalke« übernehmen wolle, sagte er ohne zu zögern Ja. Er ist allerdings seiner Heimatpfarrei als Gemeindepfarrer erhalten geblieben. Für den Dienst auf Schalke wurde er jedoch entlastet. Denn die Anzahl seiner Gemeindemitglieder ist durch die Stelle als Fußball-Pastor sprunghaft gestiegen. Einen schöneren Arbeitsplatz, erklärt der Mittfünfziger, habe er sich nicht wünschen können. Er sei das I-Tüpfelchen einer Biografie wie aus dem königsblauen Bilderbuch.

Sowohl Fußball als auch Gottesdienste haben viele Rituale. Die Fangesänge erinnern an Wechselpsalter – liturgische Handlungen – bei denen die eine Seite laut betet und die andere darauf reagiert

Schalker
seit 1985
FC Schalke 04
Schweiz
NORDKURVE
RYKER'S
F.C. Schalke 04
ENSCHEDE
VELTINS
VELTINS ARENA
PIVO

Mit Gott unterwegs
Mit Gott auf Schalke e.V.
S04
NLB

Die blau-weiße Schalke-Bibel. Sofern man daran glaubt, das Fußballspiel besitze eine Seele, findet man sie bei Ernst-Martin Barth auf Schalke

Der Mythos Schalke

Nachdem der offizielle Teil der Taufe vorbei ist, führt Barth durch seine Fußball-Gemeinde. Stolz erklärt er den ausfahrbaren Rasen, das zu öffnende Dach. Schleust die Menschentraube durch den Behandlungs- und den Duschraum. Lässt sie im Presseraum die Plätze der Journalisten und der Trainer einnehmen. Beim Abschied sieht er in strahlende Gesichter. Es herrscht fast eine Stimmung wie nach einem Erweckungserlebnis. Für Ernst-Martin Barth gehören Fußball und christliche Werte durchaus zusammen. Da geht es zum Beispiel in beiden Fällen um den fairen Umgang mit Gegnern. Es heißt, tolerant zu sein, auch wenn gegnerische Ansichten nicht geteilt werden. Zusammenzuhalten, ganz wie im Vereinslied »Tausend Freunde, die zusammen steh'n«. Seine Wurzeln nicht zu verleugnen. Der Mythos Schalke bedeutet für ihn auch, »nicht zu verlernen, auf welchem Boden man groß geworden ist«. Gelsenkirchen stand einmal für Kohle und Stahl. Im Schalke-Vereinslied beschwören die Fans »Tausend Feuer in der Nacht«. Sein Großvater und sein Vater arbeiteten noch auf der Zeche Auguste Viktoria. Auf Schalke singen sie wie ein Bergarbeiterchor bei jedem Heimspiel das Steigerlied. Als Hommage an den Ursprung des Vereins wurde der Spielertunnel sogar mit Kohle ausgekleidet.

In der Sakristei liegen neben der Stola vier Fußbälle – Freundschaftsgeschenke von anderen Kirchengemeinden. Daneben ein kleiner Stapel mit blau-weißen Schalke-Bibeln. Eine davon schenkt der Pfarrer dem frisch getauften Liam Caleb. Auf dem Deckel der Heiligen Schrift heißt es: »Mit Gott unterwegs.« Falls das Fußballspiel tatsächlich eine Seele besitzt, findet man sie bei Ernst-Martin Barth auf Schalke.

RINDERZÜCHTER

IRIS UND KARL-WILHELM KAMANN

Duisburg: Hundert Kühe stehen dichtgedrängt unter einer der vielen Autobahnbrücken. Pkws und Lkws donnern über sie hinweg. Eisenbahnzüge kreischen über die Gleise. Iris Kamann kommt jeden Tag hierher, um nach ihren Tieren zu sehen. Die leben nicht idyllisch auf dem Land, sondern nahe dem dichtesten Verkehrsnetz Europas.
Wie Iris selbst.

Kreuz Kaiserberg zwischen Mülheim und Duisburg. Autobahn-Anschlussstelle A40 und A3. Wer da von oben draufguckt, sieht tatsächlich einen Haufen verknoteter Spaghetti. Viele der Straßen am Kaiserberg existierten schon, als Iris noch auf dem elterlichen Bauernhof spielte. Im Laufe ihres Lebens wurde der Straßenknoten immer dichter. Heute kreuzen sich auf dem Platz, der so groß ist wie fünf Dutzend Fußballfelder, vier Bahnlinien mit zwei Autobahnen. Um die 205.000 Fahrzeuge verursachen im Schnitt drei Stunden Stau täglich. Dem Bündel aus 20 Querverbindungen, einer Flugschneise und 17 Brücken verlieh der Volksmund bald den passenden Namen: Spaghetti-Knoten.

Landwirte aus Leidenschaft

Doch der Eindruck, dies sei alles nur ein lebensfeindliches Konglomerat aus Asphalt, Schienen und Fluglärm, trügt. Mensch und Tier teilen sich friedlich das urbane Niemandsland. Es grünt und blüht und selbst Naherholung ist möglich. Liebenswerte Dickköpfe gibt es auch, wie den Besitzer einer Fischfarm oder die Bewohner von »Dorf« Werthacker, das zwischen den Autobahnschneisen standhält wie die bekannten Gallier aus den Asterix-Heften. Und Vater und Tochter Kamann, Bauern in vierter und fünfter Generation. Dass Iris' früheres Kinderzimmer gerade mal 50 Meter von der brausenden A40 entfernt war, störte sie nie. Den Verkehrslärm kann sie mühelos ausblenden. Sie weiß, es gibt hier richtig viel Natur und »zauberhafte Ecken«.

Iris Kamann ist mit Milchkühen, Hühnern und Schweinen aufgewachsen. Als Kind hat sie beim Melken geholfen, Eier gesammelt und Grünfutter verteilt. Heute ist sie hauptberuflich Steuerberaterin und am Abend sowie am Wochenende Freizeitbäuerin. Nach dem Schreibtischjob läuft das Kontrastprogramm im heimischen Stall und auf den Weiden unterm Autobahnkreuz. Und das ist genau so gewollt. Schließlich hatte Iris schon in jungen Jahren das Berufsziel »Hebamme für Kühe«. Die landwirtschaftliche Arbeit teilt sich Iris mit ihrem Vater Karl-Wilhelm Kamann. Der Seniorbauer ist eigentlich längst im Rentenalter. Doch das kümmert ihn wenig. Morgens guckt er wie eh und je Richtung Himmel, der zweite Blick fällt aufs Barometer. Zeigt es Hochdruck an, kann sich Bauer Kamann auf einen sonnigen und trockenen Tag einstellen. Genau das Wetter, das er im Moment braucht, um Heu zu wenden.

Die Gerste hat er bereits gedroschen, sein Roggen ist eingefahren. Die Felder des Ruhrgebietsbauern liegen in vier Städten, die man mit Industriegütern wie Kohle und Stahl, aber niemals mit Landwirtschaft verbindet: Mülheim, Essen, Duisburg und Oberhausen.

Glückliche Kühe

Endlich Abend! Iris tauscht mit Vergnügen Steuerberater-Kostüm und Pumps gegen Parka und Gummistiefel. Sie macht sich auf den Weg in die Ruhrauen, um nach den Kühen zu sehen. Die Herde lebt frei auf den Wiesen zwischen Raffelbergbrücke, Eisenbahntrasse und A40. Es riecht nach Brennnesseln und frisch gemähtem Gras. Iris schaut, wo sich die Tiere auf ihren kilometerlangen Wanderungen gerade aufhalten. Zum Kalben verziehen sie sich in die Nähe der Bahntrasse, bei niedrigen Temperaturen sammelt sich die Herde eng an eng unter der Autobahnbrücke.

Besonders achtet Iris auf die trächtigen Kühe, es soll ihnen an nichts fehlen. Wo stecken die Leittiere? Hat sich eine Kuh verirrt? Durch ihr Fernglas bemerkt Iris, dass zwei Kälbchen durch einen Zaun ausgebüxt sind. Sie geht die 500 Meter zu ihnen hinüber und lockt sie mit sanfter Stimme zurück. Ausgelassen springend freuen sich die Kälbchen, wieder im Familienverbund zu sein.

Bauer Kamann entschied sich vor knapp 20 Jahren, die Milchwirtschaft aufzugeben und Charolais-Rinder in Muttertierhaltung zu züchten. Wenn die Kühe Kälber bekommen, werden sie den Müttern nicht weggenommen, wie es in der Milchwirtschaft oft üblich ist, sondern bleiben in der Herde. Die Kälber können, solange es ihre Mütter erlauben, am Euter trinken. Während anderswo meistens künstlich besamt wird, macht das bei Kamanns Charolais-Rindern ein leibhaftiger Stier, mittels Natursprung. Obwohl die Herde der Kamanns in einem der am dichtesten besiedelten Gebiete des Landes steht, wächst sie sehr natürlich auf.

Fressen findet sie im Sommer auf den Weiden mehr als genug. Trinkwasser spendet die Ruhr. Im Winter gibt es Heu, Silage und Futterrüben. Die Kühe werden zwar durch Zäune ausgebremst, denn es gibt in den Ruhrauen noch Weiden anderer Landwirte. Trotzdem können sie auf ihrer Suche nach Gras, Wasser und Schatten bemerkenswerte Strecken zurücklegen. Fast wie im Wilden Westen.

Kreuz Kaiserberg zwischen Mülheim und Duisburg. Autobahn-Anschlussstelle A40 und A3. Um die 205.000 Autos verursachen im Schnitt drei Stunden Stau täglich. Mehr als 20 Querverbindungen, eine Flugschneise und 17 Brücken brachten dem Autobahnkreuz im Volksmund die Bezeichnung Spaghetti-Knoten ein

Freizeitvergnügen neben der Leitplanke

Doch so einsam wie dort ist es unter den Autobahnbrücken selten. Bei schönem Wetter treffen sich in den Ruhrauen Angler und Fliegenfischer, zwischen ihnen tummeln sich Herrchen und Frauchen, die ihre Großstadthunde Gassi führen. Im August ernten rüstige Rentner Brombeeren und Lindenblüten. Großeltern füttern mit den Enkeln die Schwäne, Jugendliche feiern Partys, schweißgebadete Jogger hecheln vorüber. Eine Idylle ist das hier, entlang der inzwischen sauberen Ruhr mit einem quicklebendigen Fischbestand sowie Gänsen und Enten, die auf ihr herumpaddeln. Kaum zu glauben, dass der Raum direkt hinter den nahen Leitplanken allein den Karosserien gehört. Rund um den Spaghetti-Knoten liegt eine Welt bizarrer Kontraste und rauer Schönheit. Und mittendrin die Charolais-Herde der Kamanns.

Dem Revier verbunden

Karl-Wilhelm Kamann ist Voll-blutbauer. Seine Großeltern, der Großonkel, die Eltern, alle waren sie Landwirte. 1965 mussten die Kamanns zum ersten Mal einen Streifen Land ihres Bilderbuch-Bauernhofs opfern. Für die A40. In den 1970er-Jahren ging es weiter mit der Kläranlage, später brauchte die Deponie viel Platz. Innerhalb eines Jahrzehnts verlor die Familie 99 Prozent ihres ursprünglichen Landbesitzes. Auf dem verbliebenen letzten Prozent stehen nur noch das Wohnhaus, der Stall, das Silo und der Heuschober. Und direkt hinter dem Stall rauschen die Autos vorbei. Kamanns mittlerweile nur noch gepachtete Felder sind in alle Himmelsrichtungen verstreut. Er hatte mal überlegt, mit der Familie nach Westfalen zu ziehen, wo er sich von der Entschädigung für seine

»WIR SIND BAUERN IN VIERTER UND FÜNFTER GENERATION. DEN VERKEHRSLÄRM KÖNNEN WIR MÜHELOS AUSBLENDEN.«

gezwungenermaßen veräußerten Felder ein Gut und Ländereien kaufte. Doch aus Liebe zu seiner Frau, einer Duisburgerin mit Leib und Seele, blieb er auf seinem zerrupften Land und versucht seitdem, das Beste daraus zu machen. Das Beste waren die Charolais-Rinder. Iris erzählt von einer »weißen Familie« innerhalb der Herde, die viel heller ist als ihre Artgenossen. Diese zwölf Tiere haben sich nie recht in die restliche Herde eingeordnet. »Kühe sind sehr soziale Wesen, die aufeinander achten, sich aber auch gut abgrenzen können«, erklärt Iris. Die Weißen stehen auf der Oberhausener Uferseite, weit weg von den anderen Tieren an der A40. Ein Stierkalb der weißen Familie, Iris nennt ihn Paul, war den ganzen Nachmittag mit seinen Kälber-Kumpels unterwegs. Enten ärgern, komische Sachen entdecken, balgen und toben. Dabei wanderte Paul unversehens mit den anderen Kälbern in der großen Herde über die Furt auf die andere Seite.

25

Trautes

»FRÜHER SPIELTE SICH UNSER LEBEN UM DEN HOF HERUM AB. UNSERE MITTLERWEILE NUR NOCH GEPACHTETEN FELDER SIND ABER JETZT IN ALLE HIMMELSRICHTUNGEN VERSTREUT. DOCH VON HIER WEGZUGEHEN WÄRE UNDENKBAR. TRAUTES HEIM, GLÜCK ALLEIN!«

Als er bemerkt, dass er hier nicht »zu Hause« ist, entsteht Unruhe unter den Kühen. Pauls Not scheint groß, er will zu seiner Mama. Da begleiten sein Spielkamerad und dessen Mutter den reuigen Ausreißer zur Eisenbahnbrücke und die beiden stupsen ihn ins Wasser. Iris, die die Szene mit dem Fernglas beobachtet, traut ihren Augen kaum: Paul schwimmt allein durchs tiefe Wasser zu seiner Mama. »Er wird nicht geschimpft, nur trockengeleckt«, freut sich die Freizeitbäuerin.

Karl-Wilhelm Kamann berichtet derweil schmunzelnd, dass er wöchentlich Ärger mit der Polizei habe. Jawohl, die Polizei meldet sich, weil Jogger, Angler oder Spaziergänger sich sorgen, dass unter dem Spaghetti-Knoten Kälber sterben würden. Er kratzt sich am Kopf. Es ist nicht jedem großstädtischen Frischluftfanatiker klar, dass Charolais-Rinder gut allein zurechtkommen. Lebensgefahr besteht äußerst selten, auch wenn es eine blutige Angelegenheit ist, wenn ein frisch geborenes Kalb auf der Weide liegt. Die besorgten Ausflügler können ja aber auch nicht wissen, dass Iris aufmerksam über das Wohlergehen ihrer Kühe vor, während und nach einer Geburt wacht. Iris ist zwar nicht, wie einst erträumt, Hebamme für Kühe geworden, aber die Geburten von Kälbern begleitet sie das ganze Jahr über, wenn auch meist aus der Ferne, und freut sich über die »zärtlichen Mutter-Kalb-Beziehungen«. Einen Tierarzt holt sie nur, wenn ein Kaiserschnitt nötig ist. Dank ihrer Charolais-Rinder sind die Kamanns Bauern auf diesem zerschnittenen und zerklüfteten Stück Ruhrgebiet geblieben, allen Enteignungen und Widrigkeiten zum Trotz. Und sie machen ihren Job mit Bravour.

SPITZENKÖCHIN

ERIKA BERGHEIM

Das herrschaftliche Schloss Hugenpoet
liegt am Rande von Essen-Kettwig, zwischen
knorrigen Birnen- und Maronibäumen. Eine Idylle
wie aus dem Bilderbuch, mit zwitschernden Lerchen
und duftenden Rosen. Gleich einem silbernen Band
legt sich der Burggraben um das Barockensemble.
Seit knapp 20 Jahren ist das alte Wasserschloss die
kulinarische Heimat von Erika Bergheim.
Die Meisterin bringt hier das Beste aus dem
Ruhrgebiet – aufs Edelste verfeinert –
auf den Teller.

In den sumpfigen Ruhrauen, wo früher die »Hugen« (Kröten) in ihrer »Poet« (Pfütze) saßen, ist heute das Schlosshotel als eine architektonische Kostbarkeit zu entdecken. Die Kröten haben als kleine silberne Anstecker überlebt, sie finden sich auch am Kragen von Erika Bergheims gestärkter Kochschürze. Mit hochgekrempelten Ärmeln deutet sie ein Begrüßungslächeln an – freundlich, unkompliziert, zupackend. Bevor ihr eigentlicher Arbeitstag beginnt, stapelt sie im Gewölbekeller noch Gläser mit Eingekochtem: Pflaumenmus, Pilze, Perlzwiebeln. Erika Bergheim experimentiert leidenschaftlich gerne und liebt es, Lebensmittel auf diese Art und Weise zu verwandeln und haltbar zu machen. Die Zutaten für die von ihr kreierten fantasievollen Menüs kommen, wenn irgendwie möglich, aus der näheren Umgebung, erklärt die Köchin. Ihr Motto lautet: naturbelassen, authentisch, regional und saisonal. Das Ruhrgebiet ist für sie nicht nur Speisekammer, sondern ein Schlaraffenland: Alles da, vom Biobauern am Baldeneysee bis zu ihren geliebten Quittenbäumen.

Kochen ist Komposition

Flugs ist sie in der Küche verschwunden und rührt resolut in den Champagnerlinsen: schneiden,

verwerfen, neu beginnen, improvisieren, vorbereiten, abmessen, braten, abschmecken. Die Maestra arbeitet so konzentriert wie eine Dirigentin, kurz bevor sich der Bühnenvorhang hebt. Hier noch ein kontrollierender Blick, da eine Anweisung für eine Änderung, dort etwas notiert und korrigiert. Ähnlich wie Symphonien müssen auch Bankette und Hochzeiten, Firmenempfänge und Staatsbesuche lückenlos präzise einstudiert sein. Erika Bergheim sind ihre kulinarischen Werke so wichtig wie einem Dirigenten der Wohlklang seines Orchesters.

Wer hat nicht schon alles im Laufe der Zeit auf Schloss Hugenpoet bestens getafelt. Prominente aller Couleur und aus allen Winkeln der Welt waren zu Gast: Iggy Pop, Bruno Ganz, Sir Peter Ustinov, Ennio Morricone, die Spice Girls, nicht zu vergessen das Königshaus von Tonga. Regelmäßig speiste Berthold Beitz hier, prüfte insgeheim die Tischmanieren von Bewerbern. Es gab einen Tatort-Dreh, Sat 1 feierte, Gäste des G-8-Gipfels nächtigten. Hugenpoet, diese Trutzburg der Neo-Renaissance, ist eine der edelsten Adressen des Reviers. Im Moment besprechen Erika Bergheim, die Sterne-Köchin, und Baron Maximilian Freiherr von Fürstenberg, der Hausherr, den Wochenplan. Dann spazieren die beiden in den schlosseigenen Garten hinüber, um über die angebauten Kräuter zu fachsimpeln. Kapuzinerkresse, Rosmarin, Ringelblume, Sauerampfer, Zitronenmelisse duften betörend. Die Meisterin liebt es, an ihren pflanzlichen Zöglingen zu schnuppern, sie mit den Fingern zu zerreiben und mit Genuss Blätter und Blüten zu kauen. Wie fein das im Mund pulsiert!

Begeisterung von Anfang an

Kräuter liebte Erika Bergheim schon als Teenager. In dieser Zeit jobbte sie im Griechenlandurlaub in Restaurantküchen und wusste bald genau, dass sie Köchin werden wollte. Sie schwärmt, wie wunderbar es sei, den Gästen etwas Feines auf den Teller zu zaubern: »Das Feedback ist sehr direkt.« Als Köchin könne sie die Menschen außerdem anregen, ihre Lebensphilosophie und Essgewohnheiten zu überdenken. Eine Fingerübung in Nachhaltigkeit. Ihre Kochlehre absolvierte Erika Bergheim im Essener Sheraton, stets gefördert von ihrem damaligen Küchenchef. In Deutschland reüssierte gerade die Nouvelle Cuisine, eine »bitter nötige Gegenbewegung zur bis dato fehlenden Esskultur«, so das pointierte Urteil von Erika Bergheim.

Der Airstream, ein geräumiger Wohnwagen aus den 1930er-Jahren ist das Imbissfahrzeug von Schloss Hugenpoet. Willkommen, ob auf Zeche Zollverein oder bei diversen schlosseigenen Festen. Hier serviert Erika Bergheim eine Currywurst im Schlossgarten. Und was für eine! Die Gourmetsaucen dazu hat die Meisterin tagelang verfeinert

Obwohl alte Techniken wie das Einmachen damals in der Spitzengastronomie den Ruf hatten, angestaubt und hinterwäldlerisch zu sein, fand Erika Bergheim sie trotzdem faszinierend. Schließlich war sie mit der Ruhrgebietstradition aufgewachsen, das selbst gezogene Gemüse in Weckgläsern über den Winter zu bringen. Mittlerweile ist die Nouvelle Cuisine schon wieder Old School. Zudem ist es in der Spitzengastronomie längst gang und gäbe, sich an bewährten kulinarischen Traditionen und Konservierungsmethoden zu orientieren und diese zeitgemäß zu interpretieren. Weil auch Erika Bergheim dafür ein Faible hat, bewerben sich Azubis gerne bei ihr. Das findet man nicht in jeder Kochausbildung. Moden vergehen. Altbewährtes bleibt.

Zwischen Tradition und Moderne – ein Erfolgsrezept

Im Hugenpoet pflegt man die klassische Küche, gleichzeitig hat die Chefin den Stil mit Raffinesse modernisiert, um auch die trendhungrigen Gourmets zufriedenzustellen. Damit bewältigt sie einen Spagat. Noch immer stehen Rehrücken, Gänsebraten und Fasan auf der Karte, doch daneben gibt es ausgefeilte Gerichte, mit scheinbar einfachen Zutaten auf ungewöhnliche Weise zubereitet: Artischocken à la Barigoule mit selbstgemachter Salzzitrone aromatisiert; Lammrücken mit orientalischen Kichererbsen, mit Reis und Piment im Mangoldblatt eingewickelt. Die Chefin liebt es, punktuell mit Zutaten und Gewürzen aus der ganzen Welt zu spielen. Ihr Stil lässt sich als gekonnte Kombination aus Tradition, Nachhaltigkeit und Kunstfertigkeit beschreiben.
So ist beispielsweise über ihren Milchkalbrücken mit Kokos-Kurkumacreme in einem Food-Journal viel Lobendes zu lesen: »Auf der Zunge schmilzt das Fleisch, zart, geschmackvoll, bissig. Die Textur betört mit sanfter Intensität, spürbar ist die meisterliche Zubereitung. Die Kokos-Kurkumacreme und die Champagnerlinsen sind als Beilagen hier sämig, dort entwaffnen sie mit einer Spur Säure. Sie hallen noch lange am Gaumen nach. So ergeben sie gemeinsam mit dem milden Milchkalb einen köstlichen Dreiklang.«

Schon lange bevor der Trend sich zu regionalen und saisonalen Zutaten neigte, fuhr Erika Bergheim bereits zu »ihren Bauern«, um den Speiseplan zu bestücken. Dafür wurde sie vom Fachblatt »Feinschmecker« und Witzigmanns Zeitschrift »Apéro« gelobt, und auch mit einem Stern vom Guide Michelin geadelt.

Schloss Hugenpoet ist eine der edelsten Adressen des Reviers, eine Trutzburg der Neo-Renaissance. Seit knapp 20 Jahren ist das alte Wasserschloss die kulinarische Heimat von Erika Bergheim

»Kochen ist Kultur!«, begeistert sie sich immer noch. »Mich reizen Gerüche von frischem Obst und Gemüse. Ich will wissen, wo alles herkommt.« Für ihre Menüs lässt sich die Köchin auf unterschiedliche Weise inspirieren: bei den Biobauern in der Umgebung, bei ausführlichen Studien in ihren Rezeptbüchern oder auf dem weitläufigen Schlossgelände. Dort steht gerade die Abendsonne golden zwischen den Bäumen. Es riecht nach Wald und Wasser. Im Küchengarten gießt ein Gärtner die Kräuter, bevor er sich winkend in den Feierabend verabschiedet. Für Erika Bergheim geht die Arbeit jetzt richtig los.

Begnadete Gastgeberin

Es ist nach ein Uhr nachts, als sie die Kochschürze an den Haken hängt. Zufrieden kann sie auf einen gelungenen Abend für alle ihre Gäste zurückblicken. Eine polnische Delegation war beglückt, wie sie deren Nationalgericht Bigos variierte. Bei den indischen Gästen, denen keineswegs Kalb- oder Rindfleisch serviert werden durfte, herrschte Zufriedenheit über die Speisenfolge. Wissensdurstige Gastro-Touristen freuten sich über ihr Gala-Essen und meldeten sich gleich darauf zu ihrem nächsten Kochkurs im Schloss an. Auch das junge Paar, das hier heiraten will und mit Eltern und Schwiegereltern zum Probeessen kam, strahlte beim Abschied. Eine feucht-fröhliche Familienfeier war noch im Gange. Die Küchenmeisterin wirkt jetzt müde. Kein Wunder, bei dem Arbeitspensum. Beim Verlassen der Hotelhalle begegnet sie den aufbrechenden Gästen der Familienfeier. Die Köchin wird mit Dank überschüttet. Gelächter und Daumen-nach-oben-Gesten begleiten die Lobeshymnen. Sie lassen die Müdigkeit aus Erika Bergheims Gesicht verschwinden.

Erika Bergheim hat mit ihrer Kochkunst Geschichte geschrieben. Die erste und bisher einzige Sterneköchin im Ruhrpott ist auch ein Kind der Region. Demnächst wird sie ein kleines Gourmetrestaurant auf dem Hugenpoet-Gelände eröffnen und dort »ausschließlich auf Weine zukochen«. Schon jetzt freut sie sich darauf, hier ein weiteres ihrer vielen kulinarischen Steckenpferde pflegen zu können.

KLETTERWART

HORST NEUENDORF

Ein perfekter Klettertag in Duisburg-Meiderich. Der Himmel ist postkartenblau, die Vögel zwitschern. Schon morgens pappen die ersten Alpinisten wie Konfetti an den massigen Wänden des ehemaligen Hüttenwerks. Bei gutem Wetter verbringen hier bis zu 500 Sportler täglich ihre Freizeit. Was kaum einer weiß: Diesen größten Outdoor-Klettergarten Deutschlands haben Horst Neuendorf und seine Freunde vom Alpenverein in Eigenregie errichtet.

Alle Welt kennt heute den Duisburger Landschaftspark Nord als Naherholungsgebiet und Touristenattraktion ersten Ranges. Dabei wurden bis 1985 in dem ehemaligen Eisenhüttenwerk noch Koks und Erz gelagert sowie Roheisen gekocht. Als damit Schluss war, lag das Gelände erst einmal fünf Jahre lang brach. 1990 sah sich Horst Neuendorf zum ersten Mal auf dem Gelände des ehemaligen Hüttenwerks um. Als Duisburger kannte er die Anlage der Thyssen Stahl AG natürlich. Aber nur von außen. Solange hier Eisen verhüttet wurde, war das Gelände abgeriegelt wie ein Hochsicherheitstrakt.

Zeugnisse der Geschichte mit Zukunft

Aber jetzt konnte Horst Neuendorf sich ungehindert die Hinterlassenschaft der Montanindustrie ansehen. Verbrannte Erde! Auf 180 Hektar Relikte aus den Glanzzeiten, umgeben von Müll. Scherben, Splitter und scharfe Metallkanten knirschten unter seinen Schuhsohlen. Gießhalle, Hochofen, Gasometer blähten sich auf wie wuchtige Ungetüme. Es hätte auch eine Schaltzentrale von Außerirdischen sein können. Wild durcheinander strebende Rohre, manche meterbreit, ragten an allen

Seiten in den Himmel. Flechten und verkrüppeltes Buschwerk klammerten sich an die verwahrlosten Fassaden. Die Natur begann, das Industrieareal mit einer grünen Schicht zu überwuchern. An anderen Stellen waren – trotz des Mülls und der Trostlosigkeit – die Errungenschaften der Industriegeschichte mit Händen zu greifen. Etwa wenn es beschwerlich die vielen ungesicherten Treppen die Hochöfen hinauf ging. Ein Wirrwarr von Leitungen, Rohren, Behältern, die einst alle aufeinander abgestimmt gewesen waren und präzise ineinander griffen wie die Zahnräder eines Uhrwerks. Heute, ein Vierteljahrhundert später, ist Horst Neuendorf fast täglich auf dem Gelände. »Die Wege sind mir vertraut wie der Inhalt meiner Westentasche«, lacht er. Was Menschen, die ihn kennen, nicht verwundert, schließlich hat er den Klettergarten auf dem ehemaligen Hüttengelände vor mehr als zwei Jahrzehnten mit aufgebaut. Für Duisburg kam es billiger, den »Industrie-Dinosaurier«, die Altlast Meiderich stehen zu lassen, als den Komplex zu entsorgen. So blieb die Hütte der Nachwelt erhalten, während andere weniger weitläufige Industriedenkmäler bald nach ihrer Schließung abgebaut und in andere Länder verkauft wurden.

Neuendorf faszinierten besonders die Erzbunkeranlagen, in denen früher Erz und Koks – quasi das »Futter« für die Hochöfen – gelagert wurden. Archaisch und respekteinflößend wie pharaonische Tempelanlagen ragten sie in den Himmel, allerdings schmuddelig und düster. Ihm sei jedoch von Anfang an klar gewesen, dass daraus etwas für Alpenfreunde zu machen sei. Als dann der Duisburger Alpenverein der Öffentlichkeit vortrug, welcher Verwendungszweck ihm für das Gelände vorschwebte, fiel ziemlich

Am Rande der Bunkeranlagen steht der Vereinssitz – eine Hütte des Deutschen Alpenvereins, 26 Meter über dem Meeresspiegel. Wer dort zu nächtigen wünscht, trägt drinnen Hausschuhe. Ein Matratzenlager zum Übernachten gibt es auch häufig das Urteil »Größenwahn«. Aus dieser »Wahnvorstellung« wurde schließlich die größte Outdoor-Anlage des Landes für Klettersportler.

Pionier des Revier-Klettersports

Horst Neuendorf erinnert sich noch gut, welch exotischer Sport Klettern damals im Ruhrgebiet gewesen ist. So konnte er Kletterhaken nur in München bestellen und musste vorher dort auch einen Kurs belegen, erzählt er: »Damit ich lerne, die Sicherungshaken richtig anzubringen.« Er deutet stolz die Wände hinauf. 180 Kletterrouten von insgesamt 550 hat Horst Neuendorf seither auf dem ehemaligen Hüttengelände angebracht, und damit über 3.000 Haken gesetzt. Die groben Strukturen und Rillen der riesigen Behälter sind wie geschaffen für das Klettertraining. Anfänger können hier ebenso ihre ersten Erfahrungen machen wie erfahrene Kraxler sportliche Herausforderungen finden. Allein die Größe der ehemaligen Koksbunker ist imposant und kann durchaus mit Naturfelsen konkurrieren. Auf den 50 Meter langen und zwölf Meter hohen Wänden existieren sämtliche Schwierigkeitsgrade. Anfänger orientieren sich gerne an verschiedenfarbigen Kunststoffgriffen; Bergfexe studieren topografische Karten, bevor sie sich auf den Weg machen. Auch diese Karten hat Horst Neuendorf angelegt und selbst gezeichnet. Außer ihm arbeiten mittlerweile 50 Fachübungsleiter hier.

Hüttenzauber

Am Rande der Bunkeranlagen steht der Vereinssitz – eine Hütte des Deutschen Alpenvereins. Horst Neuendorfs Frau Sonja ist als Hüttenwartin nahezu täglich hier. Und Neuendorf freut sich, dass Gattin und Töchter so leidenschaftlich

»BIS 1985 WAR ES VÖLLIG UNDENKBAR, HIER EINZUDRINGEN. SOLANGE EISEN VERHÜTTET WURDE, WAR DAS GELÄNDE EIN HOCHSICHERHEITSTRAKT. HEUTE SIND MIR DIE WEGE VERTRAUT WIE DER INHALT MEINER WESTENTASCHE.«

gerne klettern wie er. Das kommt dem Haussegen sehr zugute. Diese Alpenvereinshütte, in der etliche Duisburger ihre Geburtstagsfeiern oder Hochzeiten ausrichten, ist sicher die außergewöhnlichste ihrer Art, denn sie steht nur 26 Meter über dem Meeresspiegel. Wer dort einkehrt und übernachten will, trägt drinnen Hausschuhe und teilt sich den Waschraum mit den anderen Gästen – ganz wie in anderen Einrichtungen des Alpenvereins. Ein Matratzenlager zum Übernachten gibt es ebenfalls. Alpenvereinsmitglieder bekommen, wie üblich, eine Ermäßigung. Auf den Vereinssitz sind die Mitglieder stolz. Immerhin hat die Sektion Duisburg 6.000 Mitglieder und ist nach dem MSV Duisburg der zweitgrößte Verein der Stadt. Jedes Jahr melden sich 300 Neumitglieder an. Die Kronjuwelen des Duisburger Alpenvereins aber sind zweifellos die Klettermöglichkeiten im größten Kletterpark Deutschlands. Gut gelaunt holt sich Horst Neuendorf nun selbst seine Ausrüstung. Er blinzelt

Richtung Gipfelkreuz, wirft sich ein Seil über die Schulter, zurrt seine Kletterschuhe fest, kontrolliert Karabiner und Gurt und macht sich auf den Weg. Alles was es im Gebirge gibt, lässt sich an den Bunkerwänden üben und trainieren: von Haken zu Haken gehen, Zwischensicherungen einhängen, abseilen, Eisklettern, den klassischen Klettersteig, den Standplatzbau für Fortgeschrittene, in Seilschaften den Partner nachholen, mehr Seil geben, am Überhang üben. Alles geschieht unter den wachsamen Augen von Horst Neuendorf. Und es kommen immer neue Touren hinzu.

Gipfelstürmer

Eine der Routen ist nach Reinhold Messner benannt. Der Besuch des Extrembergsteigers war für Horst Neuendorf wie ein Ritterschlag. Der berühmteste Gipfelstürmer der Welt begutachtete die Anlage – und sie gefiel ihm. Gerade, weil es nicht Berge und Felsen hinauf geht! Denn, so der Südtiroler, die echten Berge werden dadurch geschont und geschützt. Erstaunlich grün ist es hier mittlerweile auch. 300 Pflanzen- und 60 Vogelarten haben sich im Landschaftspark Nord neu angesiedelt. Es wimmelt nur so von farbenfrohen Blütenpflanzen, Braunkehlchen und Teichmolchen. Mit dem unwirtlichen Rahmen und den kontaminierten Böden scheinen die Tiere und Pflanzen gut klarzukommen. Horst Neuendorf klettert die nahezu senkrechten Routen ohne Mühe hoch. Am Gipfelkreuz angekommen, wischt er sich über sein Gesicht und blickt in die untergehende Sonne. Der Ausblick von hier oben – weit über den Horizont bis zum Rhein – ist spektakulär. Zwischen dem Grün ragen Schornsteine und alte Hochöfen in die Wolken. In der Ferne dreht sich ein Windrad.

Im Alpenverein ist heute Abend eine Vereinssitzung. Niemand hat Lust, bei den lauen Temperaturen drinnen zu sitzen, also wurde kurzerhand der Grill vor dem Vereinsheim angeworfen. Die Holzkohle glüht, das Fleisch brutzelt, Fett spritzt, es gibt Nudelsalat und Brötchen. Die Kletterer auf ihren Bierbänken führen gutgelaunte Fachgespräche über die nächsten Ausflüge, über die neueste Ausrüstung und loben das ausgeschenkte Bier. Nur die rostigen Rohre und die Container im Hintergrund erinnern daran, dass all dies nicht auf einem Dorfplatz in den Alpen stattfindet, sondern mitten im Herzen des Ruhrgebiets.

Der Kletterpark des Alpenvereins im Duisburger Landschaftspark Nord ist ein Naherholungsgebiet ersten Ranges. Bei gutem Wetter verbringen bis zu 500 Sportler täglich ihre Freizeit hier.

REGISSEUR VON URBANATIX

CHRISTIAN EGGERT

Anna Stambulachis springt von einer meterhohen Rampe in die Tiefe. Sie fällt in ein riesiges Trampolin und läuft, vom Schwung getragen, Sekunden später die senkrechte Wand wieder nach oben. Die Biologiestudentin kennt diesen Trick schon aus der ersten Urbanatix-Show vor sechs Jahren. Damals saß sie als Schülerin im Publikum und war »sofort elektrisiert«. Heute gehört Anna fest zum Ensemble. Aufmerksam lauscht sie Christian Eggert, dem Regisseur dieses Bewegungsspektakels.

Generalprobe bei Urbanatix. Fünfzig Mitwirkende wuseln aufgedreht über die Bühne. Mittendrin Christian Eggert, ein Fels in der Brandung. Der Initiator von Urbanatix hat die letzten Nächte nur wenige Stunden geschlafen. Müde wirkt er aber nicht. Jedes Jahr im November stemmt er dieses Mammutprogramm und scheint verborgene Kräfte zu mobilisieren. Dabei beschwört er eindringlich die gemeinsam erarbeitete Leistung: »Das Team ist der Star!« In den Urbanatix-Jahresshows zeigen Trendsportler von der Straße zwölf Tage lang gemeinsam mit internationalen Artisten in der Bochumer Jahrhunderthalle urbane Bewegungskünste wie Trampolin, Tricking, Parkour, Breakdance und Akrobatik mit und ohne BMX-Räder. Die Shows sind seit Jahren ein Publikumsmagnet. Bisher endeten alle mit stehenden Ovationen.

Von der Vision zum Erfolg

Dass Urbanatix trotz anfänglicher Widerstände eine Erfolgsgeschichte wurde, ist Christian Eggert zu verdanken. Urbanatix ist seine Vision, Straßenkunst, Artistik, Musik- und Videoperformance zusammenzubringen. Das in jeder Hinsicht besondere Team der Mitwirkenden besteht aus professionellen Akrobaten aus der ganzen Welt, aber eben auch aus jungen,

bewegungshungrigen Menschen aus dem Ruhrgebiet wie Anna. Beide Gruppen verflechten sich und wachsen zusammen. Es sei diese Teamleistung, die die Shows einzigartig mache, betont der Regisseur.Herzstück dieser gelebten Integration ist die von Christian Eggert geschaffene Trainingsstätte »Open Space« in Bochum, die aus dem Projekt Urbanatix hervorgegangen ist und von der Stadt Bochum und dem Land NRW gefördert wird. Unabhängig von der November-Show treffen sich dort das ganze Jahr Menschen verschiedenster ethnischer und sozialer Herkunft, die im Alltag normalerweise wenig miteinander zu tun haben. Sie trainieren gemeinsam, sie helfen einander, grüßen und umarmen sich. Es geht dem Initiator keineswegs nur um bühnenreife Akrobatik, sondern um Jugendarbeit, die bei der Zielgruppe gut ankommt. Und welcher Jugendliche wäre nicht euphorisiert von der Aussicht, nach ausreichendem Training mit einer tollen Performance auf der gigantischen Bühne der Bochumer Jahrhunderthalle auftreten zu können.

Eine Halle mit Geschichte

Von diesem Gebäude war Christian Eggert seit jeher begeistert. Für die Urbanatix-Jahresshows gäbe es keine bessere Location, meint er. 1902 gebaut, bei der Düsseldorfer Industrie- und Gewerbeausstellung gezeigt und anschließend als Gebläsemaschinenhalle für die Hochöfen in Bochum wiederverwendet, war die Halle sozusagen das erste Fertighaus der Industriekultur. Die Arbeiter malochten im Schweiße ihres Angesichts, bis in der Stahlindustrie irgendwann alle Lichter erloschen. Jahrzehntelang blieb die einst stolze Halle dunkel, menschenleer und kalt. Zum Glück für Eggert wurde der Koloss hundert Jahre nach seiner ersten Aufstellung revitalisiert. Jetzt ist er ein Ruhrgebiets-Kulturtempel erster Güte. Junge Menschen mit nackten Oberkörpern und bauchfreien Taillen verrenken und überschlagen sich zu Dutzenden schweißüberströmt bei der Urbanatix-Generalprobe. Oder sie fliegen mit dem Rad durch die Lüfte. Christian Eggert koordiniert mit seinem Mikrofon die Programmpunkte von Bikern, Tänzern und Akrobaten. Trampolin-Artistin Anna lässt sich fallen und schwebt als Mauerläuferin nach oben, diesmal mit einem Salto vorneweg. Einfach so, um sich aufzuwärmen.

Erfolgsrezepte

Die Technik ihrer atemberaubenden Stürze lernte sie jedoch nicht von Projektinitiator Christian Eggert.

Er vermittelt keine Tricks, sondern steht für das große Ganze, die Perspektive, die lange Sicht. »Each one teach one« ist das Trainingsprinzip beim Erlernen der Kunststücke. Jeder, der einen Trick beherrscht, gibt sein Wissen weiter. So wächst der Erfahrungsschatz der Mitwirkenden immer mehr. Denn während des ganzen Jahres finden im Open Space Gastseminare von internationalen Artisten statt. Viele von ihnen sind im November auch bei den Jahresshows dabei. Der Erfolg von Urbanatix kommt nicht von ungefähr – das gilt für die Jugendlichen, die das ganze Jahr über hart trainieren, wie für den Regisseur.

Seit mehr als einem Vierteljahrhundert wirkt Christian Eggert als Inhaber der Agentur »DACAPO – Kultur Offensiv!« im Artistik-, Show- und Eventbereich. Schon Mitte der 1980er-Jahre, noch als Schüler und später als Jugendbetreuer, organisierte er Festivals, Salsa-Abende, Hardcore-Punk-Konzerte, Bandaustausch, Freizeiten, Zeltlager und anderes mehr. Im Kulturladen Wattenscheid, wo er damals arbeitete, entstand die »Kalle-Show«. Götz Alzmann, die Missfits, Atze Schröder und andere Reviergrößen steckten zwar noch in den Anfängen ihrer Karriere, doch sie brachten schon damals ein mittelgroßes Publikum zum Toben. Die »Kalle-Show« wurde der Grundstein für Eggerts Agentur. Im Revier prägt Christian Eggert das Bühnenleben jetzt seit fast drei Jahrzehnten. Er hat im Oberhausener »Theatro Centro« (heute »Metronom Theater«) die Konzept-Show »Blue Balance« mit entworfen, die Konzertdisco »Riff« mit erfunden, das Luna-Varieté in Dortmund angestoßen und ganz nebenbei Frank Goosen und Jochen Malmsheimer dazu überredet, ihre bürgerlichen Berufe aufzugeben und »Tresenlesen« professionell anzubieten. Zwölf Jahre war er dann ihr Agent. Eggerts Inszenierungen spiegeln seine tiefe Verbundenheit mit dem Varieté. Es gelingt ihm, eine neue, erzählende Bildsprache auf die Bühne zu bringen. Allein die Show »Blue Balance« sahen 140.000 Zuschauer. Das schafft in Deutschland sonst nur der Cirque du Soleil.

Offener Lernraum

Bei Urbanatix werden ebenso die gängigen Grenzen des Genres Bühnenshow gesprengt, wobei schon der Name auf die urbanen Bewegungskünste verweist. Auch der Titel des Trainingsgeländes, »Open Space«, ist Programm, denn hier ist jeder Jugendliche willkommen, ohne dass den Eltern Kosten entstehen.

Heute ist Urbanatix eines der wenigen Projekte, die nach dem Ende von RUHR.2010 noch existieren. Sein Vorbildcharakter strahlt weit über das Ruhrgebiet hinaus

Auch Studentin Anna Stambulachis ist so oft beim Open Space, wie es ihr Studium erlaubt. Anna gefällt die zwanglose Atmosphäre: keine Vereinsmeierei, keine Hierarchien, keine festgelegten Abläufe. Wer im Open Space regelmäßig trainiert, kann irgendwann bei der Urbanatix-Bühnenproduktion mitwirken. Wie Anna. Für die Deutsche mit griechischen Wurzeln ging damit ein Traum aus Schulzeiten in Erfüllung. Doch die Jugendlichen lernen nicht nur perfekt getimte Choreografien oder energiegeladene Tricks von meterhohen Rampen, sagt Christian Eggert. Sie lernen auch Zusammenhalt, Pünktlichkeit, Disziplin, Toleranz und Respekt anderen Kulturen gegenüber. Immerhin trainieren Menschen aus allen sozialen Schichten mit »Wurzeln in mehr als 18 Nationen« gemeinsam an diesem Ort. Schon in seinen fünf Jahren als Jugendbetreuer war Eggert fasziniert davon, wie Auftritte junge Menschen verwandeln, formen und weiterbringen können. An der Arbeit mit professionellen Artisten begeistert ihn auch, dass die Künstler bei ihren Bühnenauftritten in kurzer Zeit die Essenz ihres ganzen Künstlerlebens präsentieren. Furchtlos stürzt sich Anna während der Generalprobe erneut in die Tiefe auf ihr Trampolin und landet mit wehenden Haaren auf der Absprungrampe. Sie kann sich mittlerweile vorstellen, nach ihrem Studium professionell Artistin zu werden. Eine Zeitlang zumindest. Sie hätte sogar schon Jobangebote bekommen, weil sie zum Urbanatix-Ensemble gehört, erzählt sie mit stolz leuchtenden Augen.

Christian Eggert lobt Anna und ihre Fortschritte. Auch alle anderen Beteiligten werden mit motivierenden Worten bedacht. Jeder Einzelne trage zum Erfolg der Show bei: die Regieassistentin, der

»DAS UNTERSCHÄTZTE POTENZIAL DES REVIERS IST, DASS IN KEINER REGION MENSCHEN AUS MEHR NATIONEN, ETHNIEN UND EINKOMMENSSCHICHTEN NEBENEINANDER LEBEN UND ZUSAMMENARBEITEN.«

Choreograf, Ton- und Lichtdesigner, musikalische Leiter, Bühnenbildner, Videodesigner, Stagecrew, Percussionisten, Akrobaten, Jugendliche, einfach alle. Zufrieden übergibt der Regisseur das Mikrofon an Takao Baba, den Choreografen. Es wirkt wie das Überreichen der olympischen Fackel.

Typisch Ruhrgebiet

Anna schwärmt: »Urbanatix ist wie eine Familie.« Das ist das Stichwort für Christian Eggert, er kommt auf das unterschätzte Potenzial des Ruhrgebiets zu sprechen: In keiner Region arbeiten und leben Menschen aus mehr Nationen, Ethnien und Einkommensschichten nebeneinander und meistenteils friedlich zusammen. Urbanatix ist daher nicht nur eine brillante Bühnenshow. Und der stürmische Applaus gilt nicht alleine den Darbietungen. Hier wird die Aufbruchsstimmung für eine Region gefeiert, die alle Akteure gemeinsam – im wahrsten Sinn des Wortes – verkörpern.

Bei Urbanatix wird die Aufbruchsstimmung gefeiert, die alle Akteure gemeinsam – im wahrsten Sinn des Wortes – verkörpern. Vielleicht entsteht daraus sogar eine Ruhrgebiets-Artistenschule. Das ist Christian Eggerts nächste Vision

Dass die Programmkommission das Projekt für die europäische Kulturhauptstadt RUHR.2010 ablehnte, ließ Christian Eggert seinerzeit nur noch hartnäckiger kämpfen. Auch wenn die finanzielle Unterstützung durch die öffentliche Hand ins Stocken geriet, glaubte er immer an Urbanatix und finanzierte manches auf eigenes Risiko vor. Am Ende wurde Urbanatix für RUHR.2010 nachnominiert. Zur großen Abschlussveranstaltung lud man die wichtigsten Akteure sogar in die Jahrhunderthalle ein. Erst durchgefallen, dann Musterschüler – was für ein Aufstieg! Heute ist Urbanatix eines der wenigen Projekte, die nach dem Ende von RUHR.2010 noch existieren. Sein Vorbildcharakter strahlt weit über das Ruhrgebiet hinaus. Vielleicht entsteht daraus sogar mal eine Artistenschule. Das ist jedenfalls Christian Eggerts nächste Vision.

TAUCHER

CHRISTIAN PATZAK

Manchmal stehen Taucher in voller Montur vor dem Gasometer in Oberhausen und kratzen sich am Kopf. Falscher Ort, oder? Eigentlich wollen die Froschmänner zu Christian Patzak, dem Betreiber des Tauchreviers im stillgelegten Stahlwerk Duisburg-Meiderich. In einem beeindruckenden Gasometer tummeln sich Tauchfreunde aus ganz Europa.

Während der Gasometer in Oberhausen seit Mitte der 1990er-Jahre als Ausstellungsraum genutzt wird, ist Christian Patzaks Gasometer in Duisburg-Meiderich ein Tauchresort und Abenteuerspielplatz für Wasserfreunde. Und genau deswegen sind Ella vom Niederrhein und Ruben aus Düsseldorf heute hierhergekommen: Sie haben an diesem alles andere als gewöhnlichen Ort ein Schnuppertauchen gebucht. Ella und Ruben checken an der ehemaligen Lkw-Waage des Stahlwerks ein und steigen dann in den wärmenden Neoprenanzug. Alles ist schon für sie vorbereitet, auch der Bollerwagen, auf dem ihre Leihausrüstung liegt: Bleigürtel, Pressluftflasche, Flossen, Tarierweste, Akkulampe. Jetzt geht es nur noch wenige Schritte über die Straße zum Gasometer. Zusammen mit den anderen Tauchern sind die beiden Teil einer kuriosen Prozession in entgegengesetzte Richtungen. Die tropfnass aus dem Tauchbecken gestiegenen Novizen grinsen stolz vor sich hin, die Trockenen blicken eher nervös drein. Sie haben es ja noch vor sich.

Tauchen in der Tonne

Das Tauchrevier liegt am Rande des Landschaftsparks Duisburg-Nord. Hört man sich unter den Touristen um, so wissen manche, dass in der riesigen, grünen Tonne seit 15 Jahren getaucht wird.

Der Gasometer ist auch für Nicht-Taucher eine Attraktion ersten Ranges. Das 21 Millionen Liter Wasser fassende Stahlbecken wird ständig fotografiert. Außerdem finden hier regelmäßig Dreharbeiten statt, mal für einen wissenschaftlichen Beitrag, mal für einen Krimi. Mit 13 Metern Tiefe und einem Durchmesser von 45 Metern ist es Europas größtes Indoor-Tauchbecken. Christian Patzak ist gebürtiger Duisburger. Vier Jahre lang war er festangestellter Tauchlehrer beim vorherigen Betreiber. Als sein Arbeitgeber Insolvenz anmelden musste, empfand er die drohende Schließung seiner imposanten Arbeitsstätte als einen herben Schlag. Dann wurde ihm im Frühjahr 2006 angeboten, den Gasometer selbst zu übernehmen, und er wagte den Sprung ins kalte Wasser.

Christian Patzak strukturierte den Betrieb um und sprach mit seinen Schnuppertauchkursen ganz gezielt auch Tauchanfänger an. Eine kluge Strategie. Denn aus eigener Erfahrung wusste er: »Aus denen können Tauchverrückte werden.«

Wer nach dem Schnuppern den Tauchschein macht, wird oft Mitglied in seinem Club und hat für eine moderate Monatsgebühr unbegrenzten Zugang zum Gasometer.

Frühe Leidenschaft für die Tiefe
Christian Patzak ermuntert die aufgeregten Neulinge. Er weiß um die Nervosität, aber er kennt auch die Magie des ersten Mals. Um ihn war es auch gleich nach seinem Debüt geschehen, obwohl er da erst acht Jahre alt war. Damals befand er sich mit seinen Eltern an der Ostsee im Campingurlaub. Neben dem Campingplatz gab es eine Tauchschule. Der Knirps Christian erkämpfte sich dort den ersten Tauchgang samt dazugehörender Ausbildung und erhielt schließlich als Jüngster in der Geschichte der Tauchschule seinen Tauchschein. Klar, dass er stolz wie Bolle war. Immerhin hatte er sich alles selbst erarbeitet und sein gesamtes Taschengeld dafür gespart. Diese Leidenschaft ließ ihn nie mehr los. Gleich nachdem er seine Schlosserlehre beendet hatte, machte er sein Hobby zu seinem Beruf.

Über eine Stahltreppe gelangen Ella, Ruben und Christian Patzak zum Eingang in luftiger Höhe. Ihre bleischwere Ausrüstung kommt ganz komfortabel mit einem Lastenaufzug

nach oben. Dort zaubern Scheinwerfer bunte Lichtreflexe auf die grüne Wasseroberfläche. Vor lauter Aufregung kommen die Neulinge nicht dazu, einen Blick auf die atemberaubende Industriekulisse zu werfen. Egal, das Sicherheitstraining hat jetzt ohnehin Priorität. Atemtechnik und Handzeichen müssen sitzen, bevor das Abenteuer beginnt.

Erfolgreiche Entgiftung

Christian Patzak beeindruckt es jedes Mal aufs Neue, dass das Tauchen im Gasometer sich wie ein Abstieg in ein Unterwassermuseum anfühlt: »Wo lässt sich Industriekultur sonst so hautnah erleben?« Einst wurde hier, im Nass-Teleskop-Gasometer, so genanntes Gichtgas gespeichert, das bei der Eisenproduktion anfiel. Unten war Wasser, darüber sammelten sich bis zu 20.000 Kubikmeter Gas und oben verhinderte ein 260 Tonnen schwerer Deckel, dass es entwich. Wegen des hohen Anteils an Kohlenmonoxid war das Gichtgas hochgiftig. Die Umgestaltung des Gasometers zur Freizeitstätte stellte wegen dieses Giftes eine enorme Herausforderung dar. 1.800 Quadratmeter Wand- und 1.500 Quadratmeter Bodenfläche mussten professionell gereinigt, der Glockendeckel dreieinhalb Meter über dem zukünftigen Wasserspiegel fixiert werden. Christian Patzak war von Anfang an dabei. Nach getaner Umgestaltung dauerte es noch einmal zwei Wochen, bis die Tonne voll mit Leitungswasser gelaufen war, erinnert er sich. Bei jedem Regenguss wird sie jetzt mit Frischwasser aufgefüllt. Ein ausgeklügeltes Überlaufsystem sorgt dafür, dass Wasserstand und Wasserqualität immer gleich hoch sind.
Die Wassertemperatur ist abhängig von der Jahreszeit. Im Winter kühlt sie auf 7° C herunter, dafür gibt es im Sommer tropische Verhältnisse mit bis zu 26° C. Deshalb ist der Gasometer von den Behörden als »Freiwasser« anerkannt, was sich vorteilhaft auf Christian Patzaks Tauchausbildungen auswirkt. »Wir müssen aus diesem Grund nicht alle unsere Freiwassertauchgänge in einem See durchführen«, erklärt er.
Lange bevor Christian Patzak Freizeitsportlern eine Basis für ihr Tauchvergnügen zur Verfügung stellte, war er Berufstaucher. Da hatte er oft mit Gasometern oder anderen Industrieanlagen zu tun. Berufs- und Freizeittaucher unterscheiden sich wie der weiße Hai von einem Clownsfisch. Die Hobbytaucher wollen lediglich die Unterwasserwelt erkunden. Als Berufstaucher musste er sich hingegen unter Wasser, oft ohne Sicht, den Weg zu seinem wenig idyllischen Arbeitsplatz bahnen.

Die gefluteten Möller- und Erzbunker unterhalb der Hochöfen sind nichts für Klaustrophobiker. Für Christian Patzak sind sie durch all die verzweigten Wasserwege ein unterirdisches Paradies

Christian Patzak liebt die alten Industrieanlagen. Bei ihm trainieren Feuerwehr-, Polizei-, Berufs- und Rettungstaucher. Die beiden runden Becken der ehemaligen Kläranlage sind im Winter ideal zum Eistauchen

Er arbeitete unter extremen Bedingungen, in Industrie- oder Kläranlagen, stieg bei Kälte und Schnee ins Wasser, wühlte sich im Dreck zu seiner Arbeitsstätte vor, schraubte, reparierte oder baute Ersatzteile ein. Er musste Rohre muffen, Betonpfeiler verankern und ganze Anlagen warten. Diesem Knochenjob kehrte er den Rücken, als er Tauchlehrer im Gasometer wurde. Dass noch immer Anfragen für lukrative Arbeitsaufträge kommen, freut ihn. Und reizen würde es ihn nach wie vor.

Tauchtraining für alle

Doch nun ist Christian Patzak seit knapp zehn Jahren Chef von 17 Mitarbeitern. Die meisten davon Tauchlehrer wie er. Manche absolvieren bei ihm noch zusätzlich die eine oder andere Spezialausbildung, wie etwa den Höhlentauchschein. Die gefluteten Möller- und Erzbunker unterhalb der Hochöfen sind »nichts für Klaustrophobiker«, doch das Höhlentauchen hier sei einmalig, findet Christian Patzak: »Ein unterirdisches Paradies, wegen all der verzweigten Wasserwege.« Für Anfänger bis hin zu ausgebildeten Tauchlehrern, vom Höhlentauchgang bis zum Wracktauchen: Christian Patzak und sein Team bilden nahezu alle Tauchsparten aus. Deswegen ist sein Arbeitsplatz genau nach seinem Geschmack. Er liebt diese alten Industrieanlagen. Bei ihm trainieren Feuerwehr-, Polizei-, Berufs- und Rettungstaucher. Die beiden runden Becken der ehemaligen Kläranlage dienen Christian Patzak im Winter sogar zum Eistauchen.

So weit sind Ella und Ruben lange noch nicht. Im Moment beschäftigen sich die beiden voll und ganz mit ihrer Atmung. Inzwischen gelingt es ihnen, mit dem Atemregler problemlos Luft zu holen, und sie können es kaum noch erwarten, von der Rampe nach unten zu kommen. Jedem Anfänger ist beim Schnuppertauchen ein Tauchlehrer an die Seite gestellt, der wachsam alles kontrolliert. Endlich ist der große Moment da. Die beiden Tauchlehrlinge gleiten ins Wasser und schweben ins scheinbar Bodenlose. Sie saugen zaghaft an ihrem Mundstück

Baden verboten !
Lebensgefahr durch
Stahlteile unter der
Wasseroberfläche

»VOM ANFÄNGER BIS HIN ZU AUSGEBILDETEN TAUCHLEHRERN, VOM HÖHLENTAUCHGANG BIS ZUM WRACKTAUCHEN. WIR BILDEN ALLE TAUCHSPARTEN AUS.«

und stellen fest, dass sie kein Wasser schlucken. Einen Meter, zwei, drei. Den mit 300 Tonnen Kies aufgefüllten Boden in 13 Meter Tiefe können sie zwar nicht erkennen, aber doch Lampen, die ein Schiffswrack erahnen lassen. Totenstill ist es hier, nur das rhythmische Blubbern der Atemregler unterbricht die Ruhe und die nasse Schwerelosigkeit.

Unterwassermuseum

Christian Patzak weiß genau, was die beiden jetzt erleben. Obwohl er das Tauchen liebt, interessieren ihn beispielsweise exotische Fische und Korallenriffe nicht besonders. Sicher, er war oft am Roten Meer und auch in Thailand, überhaupt in allen berühmten Tauchresorts der Erde. Mit seinen Tauchschülern fliegt er jedes Jahr in neue Tauchgebiete und ermöglicht ihnen damit das Ergründen prächtiger Fischwelten. Doch Christian Patzaks Herz schlägt für Unterwasserszenerien, die Wracks preisgeben, für versunkene Schiffe und Flugzeuge. Daher wurden in »seinem« Gasometer die erstaunlichsten Dinge versenkt. Das meiste davon sehen Ella und Ruben bei ihrem ersten Tauchtag noch nicht. Denn in vier Metern Tiefe, maximal sechs ist für sie heute Schluss. Wenn die beiden Anfänger jedoch auf den Geschmack gekommen sind und mit dem Tauchen im Gasometer weitermachen, können sie auf drei Plattformen einiges entdecken: ein Schiffswrack, einen Lieferwagen, eine Cessna, einen Trabi, ein künstliches Riff, einen Schilderbaum. Die Sehenswürdigkeiten werden ständig neu arrangiert oder ausgewechselt, damit auch die Clubmitglieder oder andere Vieltaucher immer wieder Überraschungen erleben. Christian Patzak lächelt, als die beiden mit leuchtenden Augen in die Welt über Wasser zurückkehren. Um sie ist es schon geschehen. Wie um ihn damals.

HUNDETRAINERIN

FILIZ ERFURT

Ein sonniger Vormittag auf einem Reiterhof in Hattingen. Herrliches Ausflugswetter für einen Ritt in die Umgebung. Filiz Erfurt sitzt auf dem Rücken von Streetboy, einem elfjährigen Haflinger. Einmal die Woche kommt sie zum Reiten hierher. Ihre drei Collies sitzen brav am Rand und verfolgen aufmerksam jede von Filiz' Bewegungen.

filiz rollidogs. e.V.

Filiz befiehlt jetzt Galopp. Streetboys Muskeln sind gespannt, die Nüstern gebläht. Bald ist der Rhythmus seiner Hufe zu hören. Jede Bewegung des Pferdes ist gesammelte Kraft. Filiz freut sich und strahlt, gleichzeitig entgeht nichts ihrer Aufmerksamkeit. Wann Streetboy nach links oder rechts reiten, wann er das Tempo drosseln oder erhöhen soll, all das hat seine Reiterin im Griff. Doch wie teilt sie dem Wallach ihre Wünsche mit? Die Gerte benutzt sie jedenfalls nicht, die ist für sie tabu.

Auch ihre Fersen drückt sie niemals in die Flanken des Tieres.

Tiere als Therapie

Als die Reitstunde zu Ende geht, klopft Filiz Streetboy anerkennend den Hals und streicht durch seine Mähne. Sie lehnt sich nach vorne und flüstert ihm etwas ins Ohr. Gleich nach diesem innigen Abschied kommt Mika, Filiz' Ehemann, näher und hebt seine Frau vom Pferd. Denn Filiz kann weder alleine auf- noch absteigen. Sie verunglückte als Elfjährige beim Fußball, war danach Opfer eines ärztlichen Behandlungsfehlers und sitzt seitdem querschnittsgelähmt im Rollstuhl.

Es ist selten, dass Menschen nach ihrem 40. Geburtstag Reiten lernen. Wer zudem im Rollstuhl sitzt, habe es ausgesprochen schwer auf dem Rücken eines Pferdes, so jedenfalls lautet die landläufige Meinung, auch von Medizinern. Doch von solchen Aussagen lässt sich Filiz schon lange nicht mehr beeinflussen. Sie probiert lieber selbst aus, was ihr – trotz Behinderung – möglich ist. Und da geht eine ganze Menge. Dass sie gut mit Pferden klarkommen würde, ahnte Filiz. Kann sie doch auch Hunde spielend erziehen und führen, sogar so gut, dass

»TIERE SIND MEIN LEBEN. ICH FÜGE IHNEN NIEMALS SCHMERZEN ZU. SIE LERNEN DURCH DISZIPLIN, LECKERLI UND STREICHELEINHEITEN.«

sie bisweilen die »Hundeflüsterin« genannt wird. Filiz bildet Behindertenbegleit- und Therapiehunde aus. Ihre Erziehungsprinzipien leuchten ein: positive Verstärkung, gezielter Einsatz von Stimmhöhe und Sprachart, klare Gesten und ganz viele kleine Leckerli. Erstaunlich ist, dass Filiz kaum ihre Stimme erhebt, im Gegenteil. Ihre menschlichen Schüler – die Herrchen und Frauchen der Vierbeiner, die bei Filiz in die Lehre gehen – müssen manchmal richtig die Ohren spitzen, um alle Kommandos an die Hunde mitzubekommen. Wenn die übermütigen Welpen nicht hören wollen, greift Filiz in den Nacken oder oben über die Schnauze – eine Disziplinierungsmaßnahme, die sie sich von Hundemüttern abgeschaut hat. Dieses Talent im Umgang mit Tieren entdeckte sie vor 17 Jahren bei ihrem ersten eigenen Hund. Filiz wagte sich schließlich daran, diesen Hund und seine Nachfolger selbst auszubilden und durch die schweren Hundeprüfungen zu bringen.

NORDSTERN
VIVAWEST

Sie meisterte diese immer mit Bravour und konnte obendrein in der Hundeausbildung Verbesserungen anregen, die ihr als Rollstuhlfahrerin nicht nur sinnvoll, sondern sogar elementar erschienen. Filiz arbeitet beispielsweise nur mit einer kurzen Leine, statt mit der weit verbreiteten meterlangen Hundeleine. Das sei wesentlich sicherer, erklärt sie. Dadurch ist ein Verheddern in den Rollstuhlreifen ausgeschlossen und die Tiere lernen deutlich früher, sehr genau zu gehorchen. Der Mensch habe auf diese Weise »viel schneller die Rudelführung inne«.

Bei der elfjährigen Fabienne beschleunigt Hund Angus die medizinische Rehabilitation. Denn für Kinder bietet Filiz tiergestützte Therapie und »Outdoor-Krankengymnastik« an. Der Collie Angus und die Fünftklässlerin Fabienne treffen sich seit einigen Jahren einmal pro Woche dort, wo Filiz geeignete Trainingsmöglichkeiten für ihre Patientin entdeckt, zum Beispiel in Gelsenkirchen auf dem weiten Gelände der stillgelegten Zeche Nordstern. Alles Mögliche eignet sich hier zum Hinaufklettern, Herunterspringen, Festhalten. Fabiennes Körper braucht muskuläre Herausforderungen. Leider sind diese mitunter schmerzhaft für das Mädchen:

Fabiennes rechter Arm hängt passiv herab und ist kürzer und schwächer als der linke. Die kleine Patientin erlitt bei ihrer Geburt mehrere Schulterbrüche und ist in ihrem kurzen Leben schon sechsmal operiert worden. Immer folgten auf die Krankenhausaufenthalte physiotherapeutische Stunden zur Stärkung des gelähmten Arms. Wenn die wöchentliche Krankengymnastik mit einem von Filiz' Collies im Freien stattfindet, ist das ein Highlight für Fabienne. Sie ist dann viel motivierter als drinnen und ohne Tierbegleitung.

Clevere Rollidogs

Dabei profitiert Filiz auch davon, dass sie die Hunde mehrsprachig erzogen hat. Sie gibt ein türkisches Kommando, das das Kind nicht versteht. Zuerst will Filiz, dass der Vierbeiner Sieger eines Wettrennens wird, um die kleine Patientin zu motivieren. Ab der zweiten Runde soll er verlieren, damit Fabienne ein Erfolgserlebnis hat. Die Hundetrainerin amüsiert sich: Endlich ist ihr Migrationshintergrund auch mal ein Vorteil! Ehemann Mika war wie immer dabei und steht schließlich bereit, um Filiz und ihre Collies zum nächsten Termin zu bringen. Er fährt sie nicht nur zu ihren menschlichen Patienten und tierischen Schülern, sondern bringt seine Frau auch zu Hundemessen und Auftritten. Dort stellt die Hundetrainerin ihr Können auf großen Bühnen vor und macht auf ihren gemeinnützigen Verein »Filiz-Rollidogs« aufmerksam. Filiz und Mika Erfurt sind schon lange ein eingeschworenes Team. Sie lernten sich in einer Diskothek kennen. Seit Filiz siebzehn ist, sind die beiden verheiratet und haben drei mittlerweile erwachsene Söhne miteinander. Dass Filiz überhaupt auf den Hund kam, verdankt sie ihren Söhnen. Denn die wandten sich vor vielen Jahren direkt an die Presse: »Wir haben eine Supermami, die braucht einen Begleithund.« Eine Frauenzeitung druckte daraufhin einen Hilfeaufruf und eine anonyme Spenderin stellte 10.000 Mark zur Verfügung. So kam die Hundedame Otti zu Familie Erfurt. Die ist inzwischen an Altersschwäche gestorben, aber sie hatte Nachfolger und Nachfolgerinnen, die auch immer Familienmitglieder waren.

Seit ein paar Jahren sind die Collies Angus, Blazy und Candas Filiz' ständige Begleiter. Ihre »Rollidogs« können mehr als »Sitz« und »Platz« und »Pfote«. Die ausgebildeten Hunde erleichtern das Alltagsleben von Filiz enorm. Sie holen die Wäsche aus der Maschine und vom Ständer,

Die Hunde gehorchen auf Deutsch, Englisch, Türkisch und reagieren auf Gesten

lösen Pflaster ab (vorsichtiger, als es selbst Mika kann), räumen Gegenstände vom Boden, ziehen Socken, Jacken und Handschuhe aus, öffnen Schleifen, drücken Aufzug- und Ampelknöpfe, schieben den Rollstuhl durch enge Gänge.

Immer wenn Kleinigkeiten zu Problemen zu werden drohen, sind sie da. Ihre Werkzeuge: Pfoten, Maul und Fell. Die Belohnung sind Leckerlis und viele Streicheleinheiten. Doch Filiz' Hunde leisten sogar noch wesentlich mehr als Hilfe im Haushalt und Wachdienste beim Reiten. Sie alarmieren Filiz vor ihrem gefürchteten epileptischen Anfall.

Einmal pro Woche muss sie damit rechnen, das Bewusstsein zu verlieren. Die als Warnhunde ausgebildeten Collies haben gelernt, die Hormonschwankungen zu riechen, die auf einen nahenden Anfall hindeuten. Dann bringen ihr die Hunde das Handy mit einem Warnbellen und Filiz weiß: Jetzt hat sie noch 45 Minuten, um Hilfe zu holen. Ganz alleine einem Anfall ausgeliefert zu sein, wäre gefährlich. Doch mit der Vorlaufzeit, die die Vierbeiner anzeigen, war es noch nie ein Problem, ihren Mann oder eine Nachbarin rechtzeitig zur Stelle zu haben.

Der Blick nach vorne

Seit es die Hunde in ihrem Leben gibt, kann die 47-Jährige sogar recht gelassen mit ihrer Krankheit umgehen. Filiz scheint, wenn sie von den Gefährten auf vier Pfoten umgeben ist, ganz bei sich zu sein. Sie lächelt glücklich. Dabei gab es unzählige dunkle Momente in ihrem Leben. Sie kam als Achtjährige aus der Türkei ins Ruhrgebiet. Der schreckliche Unfall und die darauf folgende Querschnittslähmung waren alles andere als leicht zu verkraften.

Doch ihre Hunde halfen ihr immer auch über schwere Zeiten hinweg. Sie entpuppten sich als die beste Medizin, nahmen der Trostlosigkeit den Nährboden und zeigten Filiz, zu was sie fähig war. Mit der Hilfe ihrer Hunde hat sie zu ihrer Bestimmung gefunden und kann nun Menschen helfen, die sich genauso hilflos fühlen wie sie damals. Filiz hat ihren Kopf mit einem fantasievollen Turban umhüllt: ihr Markenzeichen, ohne das die Muslima nicht aus dem Haus geht. Die verspielte Kopfbedeckung wirkt ganz anders als die strengen dunklen Schleier, die sonst im Straßenbild vieler Ruhrgebietsstädte sichtbar sind. Dank ihres knallbunten fröhlichen Turbans ist Filiz immer schon aus der Ferne zu erkennen.

In Bottrop steht der »Tetraeder« in exponierter Lage, eine Landmarke und Attraktion der Region. Hier kann Filiz ihre menschlichen und tierischen Schüler hervorragend trainieren

Wenn Filiz mit ihren drei Collies zur Arbeit antritt, sieht es aus wie ein Triumphzug. Die verspielte Kopfbedeckung der Muslima ist ganz anders als die strengen Schleier, die sonst im Straßenbild vieler Ruhrgebietsstädte sichtbar sind

Sie wartet jetzt oben auf der Halde in Bottrop auf ihre Schüler. Hier steht der »Tetraeder« in exponierter Lage – eine Landmarke und Attraktion der Region. Gleich wird Filiz einen Golden Retriever und sein Frauchen empfangen. Ihr letzter beruflicher Termin an diesem Tag. Filiz ist zeitig da. Von hier oben hat sie einen weiten Rundblick. Das 40 Meter hohe Stahlgerüst in Form einer dreiseitigen Pyramide ist begehbar und ein beliebter Treffpunkt. In den Tetraeder sind Treppen, Wendeltreppen, Hängebrücken und Aussichtsplattformen integriert. Die Treppen und Podeste an Stahlseilen hängen. Ein starker Wind bringt sie zum Schwanken. Einige Jugendliche liefern sich dort oben lautstark eine aufgedrehte Verfolgungsjagd. Filiz beobachtet sie. Sie weiß, dass sie nie auf den Tetraeder steigen wird. Und doch könnte ihr Blick in die Zukunft nicht optimistischer sein.

Filiz schaut von der Halde auf Bottrop herab. Gleich kommen ihre Schüler. Ihre Sicht auf die Zukunft ist optimistisch

HELIUM

HINDUPRIESTER

SRI PASKARAKURUKKAL

Ihr Kleid glänzt und blendet. Ihre vielen Ketten scheinen Funken zu sprühen. Die Statue der Göttin Sri Kamadchi Ampal thront hoch oben auf dem Prunkwagen vor dem Tempel. Langsam setzt sich der Umzugswagen in Bewegung und die Prozession ruckelt durch die Straßen von Hamm-Uentrop. Angeführt wird der bunte Trupp vom orange gewandeten Tempelpriester Sri Paskarakurukkal. Er hat den Tempel für die Göttin mit den liebenden Augen gebaut.

Heute ist der größte Festtag des Hindutempels in Hamm. Dieses mächtige Bauwerk ist nicht irgendeines: Es ist der größte hinduistische Tempel auf dem europäischen Kontinent. Zum alljährlichen Tempelfest reisen Tausende Tamilen an, um ihrer Göttin Sri Kamadchi Ampal die Ehre zu erweisen. Nicht nur aus dem Ruhrgebiet, sondern aus allen Teilen der Republik, sogar aus dem europäischen Ausland strömen sie nach Hamm. Die bunten Saris der Frauen in lila, orange oder rot, mit Glitzer- und Goldverzierungen, der Geruch von Räucherwerk und die Klänge von Trommeln und Pungis, den indischen Klarinetten, all das verbreitet die Illusion, sich in einem Märchen aus Tausendundeiner Nacht zu befinden.

Farbenfrohe Ehrung der Göttin

Es hat sich auch unter Nicht-Hindus herumgesprochen, wann die Tamilen sich versammeln, ihren Tempel umrunden, der Göttin zu Ehren Speisen aus Curry und Reis verschenken und etliche farbenfrohe Rituale zelebrieren. Alles hört auf Sri Paskarakurukkals Kommando. Dabei erhebt der Priester kaum seine Stimme, sondern höchstens seine Hand oder seine Augenbraue.

Zum alljährlichen Tempelfest reisen Tausende Tamilen an, um ihrer Göttin Sri Kamadchi Ampal die Ehre zu erweisen

Trommler und Bläser sind die musikalische Vorhut der Prozession, als deren Herzstück der prunkvolle Festtagswagen mit der Göttin bewundert werden kann. Flankiert wird dieser von Büßern im Lendenschurz, die sich in Trance rollend über Asphalt und durch Staub fortbewegen. Bei den sogenannten Kavadi-Tänzern durchbohren Spieße wie Fleischerhaken die Rücken. Auch im Gesicht einiger Männer steckt, von einer Wange zur anderen, eine Art verzierter Schaschlikspieß. Auf den Gesichtern der durchbohrten Männer spiegeln sich Erweckungserlebnis und Euphorie. Manche erfüllen ein Gelübde, für andere ist es schlicht der Liebesbeweis an die Göttin. Sri Paskarakurukkal wirkt ebenfalls entrückt und strahlt in stiller Würde.

Die Umgebung konstrastiert deutlich mit dem feierlich-farbenfrohen Zeremoniell. Weht doch bei Südwind der Geruch von wöchentlich 5.000 Tonnen Schlachtfleisch aus der benachbarten Fleischfabrik herüber. Glücklicherweise ist der heute nur dann wahrzunehmen, wenn eine fadenfeine Schneise Frischluft die Duftphalanx der tausendfach angesteckten Räucherstäbchen durchbricht. Doch obwohl die Göttin seit 14 Jahren zwischen der Fleischfabrik und einem betongrauen Kraftwerk im Industriegelände beheimatet ist, scheint ihr Wohnsitz geradezu ideal zu liegen: für ihre Gefolgsleute und für den Priester Sri Paskarakurukkal. Er hat die Göttin, ihren Tempel und ihre vielen Anhänger hierher gebracht.

Mit göttlicher Hilfe

Der Tamile Sri Arumugam Paskarakurukkal ist ein kleiner Mann mit leiser Stimme, sanften Augen und einem langen weißen Bart. Dreimal täglich feiert er im Tempel Gottesdienste, die jedem, ob Hindu oder nicht, offen stehen. 1985 war er, wie viele seiner Landsleute, vor dem Bürgerkrieg aus Sri Lanka nach Europa geflüchtet. Ungläubige würden es Zufall nennen, er selbst glaubt berufsbedingt an göttliche Vorsehung, dass er vor mehr als 30 Jahren ausgerechnet in Hamm aus dem Zug stieg und sich hier niederließ. Dem Hindu-Geistlichen war es ein weiteres göttliches Gebot, einen Tempel für die Göttin Sri Kamadchi Ampal zu bauen.

Keine Minute zweifelte er daran, seine Mission eines Tages verwirklichen zu können. Die ersten Zeremonien feierte er im Keller seines Mietshauses.

Bei diesen »Pujas« werden Götterfiguren in Milch gebadet und mit Honig übergossen, Blumen geopfert, Räucherwerk angezündet und Mantras gesungen. Als das Provisorium zu klein wurde, zogen die Gläubigen mit ihrem Gebetsraum in den Hinterhof einer ehemaligen Wäscherei um. Der Zustrom ebbte nicht ab, so dass der Priester bereits 1993 ein erstes sommerliches Tempelfest für die Göttin Sri Kamadchi Ampal ausrichtete. Der spirituelle Lokaltermin im Sommer avancierte zu einem Besuchermagneten für die vielen Tamilen, die sich in Nordrhein-Westfalen angesiedelt hatten. Die Prozession wuchs in den Folgejahren von wenigen hundert auf einige tausend Teilnehmer aus dem gesamten Bundesgebiet an. Der Hammer Bahnhof gleicht noch heute am Tag des jährlichen Tempelfestes einem Schauplatz aus einem fröhlichen Bollywood-Streifen.

Vorbild Südindien

Die Hammer Bürger waren jedoch zu jener Zeit not amused. Denn nicht alle Gläubigen reisten mit dem Zug an. Als sich die Beschwerden über zugeparkte Einfahrten und unerträglich lautes Trommeln häuften, offerierte die Hammer Stadtverwaltung ihrem hinduistischen Mitbürger ein Grundstück im Industriegebiet zwischen Fleischfabrik und Kraftwerk. Hier waren keine mäkelnden Nachbarn zu befürchten, Parkplätze hingegen gab es mehr als genug.

Sri Paskarakurukkal griff hocherfreut zu. Er war seiner Vision wieder ein Stück näher gekommen. Der unweit gelegene Datteln-Hamm-Kanal

»NEBEN SRI KAMADCHI AMPAL VEREHREN WIR WEITERE GOTTHEITEN WIE SHIVA ODER GANESHA, ALLESAMT ERSCHEINUNGEN UNSERES SCHÖPFERS BRAHMA.«

erwies sich noch dazu als ideal für die rituellen Waschungen. Bei der Suche nach einem Baumeister für den Tempel verließ sich Sri Paskarakurukkal erneut auf einen göttlichen Fingerzeig und tippte blindlings ins Branchenbuch. Der auf diese Weise erwählte Architekt Heinz-Rainer Eichhorst ließ sich auf das Projekt ein und schaffte es, die strengen hinduistischen Regeln mit den ebenso strikten Formalien der deutschen Baubehörden abzustimmen: »Ein Abenteuer!« Im Jahre 2002 entstand unter seinen wachsamen Augen und mithilfe kunstfertiger indischer Baumeister endlich der Tempel, wie er heute zu bewundern ist. Sri Paskarakurukkal war es wichtig, dass dieser nach rituellen Vorgaben und nach südindischem Vorbild konstruiert wurde. Gemeinsam mit Architekt Eichhorst unternahm er eine weite Reise, und sie studierten die Originale vor Ort. Im Tempel blickt die Göttin beispielsweise vom Zentralschrein nach Osten, der aufgehenden Sonne

Tausende warten auf Sri Paskarakurukkals Kommando

entgegen. Der Innenraum des Tempels ist genau 700 Quadratmeter groß. Darin stehen zehn mit mythologischen Figuren und Ornamenten verzierte Schreine. Ein weiterer befindet sich außen auf der Nordseite. Alles orientiert sich haargenau an ähnlichen Anlagen in Südindien.

Ein Priester mit Überzeugungskraft
Sri Paskarakurukkal hat nicht nur sanfte Augen und eine ruhige Stimme. Er besitzt auch eine enorme Überzeugungskraft und konnte das zwei Millionen Euro teure Bauwerk allein durch Spenden und Darlehen finanzieren. Der Tempel ist ein architektonisches Ausnahmegebäude inmitten der Tristesse des Gewerbegebiets. Allein auf dem Turm tummeln sich 240 bunte indische Götter. Denn neben Sri Kamadchi Ampal verehren die Hindus im Tempel weitere Gottheiten wie Shiva oder den elefantenköpfigen Ganesha. »Sie alle sind nur Erscheinungen unseres Schöpfers Brahma«, erklärt der Priester.

Doch das sommerliche Tempelfest samt Prozession ist ganz der Göttin Sri Kamadchi Ampal mit den liebenden Augen gewidmet. Am Abend nach dem Umzug ist der hohe Feiertag keineswegs zu Ende. Insider begleiten die Gläubigen auch am Tag darauf, wenn die Pilger Statuen und Bilder ihrer Gottheiten zum Datteln-Hamm-Kanal tragen. Unterhalb der Autobahnbrücke versammeln sie sich zur rituellen Waschung. Götterstatuen, Götterbilder und betende Pilger tauchen – begleitet von Mantras, Milch und Musik – ins dunkle Nass. Die örtliche Feuerwehr wacht in Uniform darüber, dass die Fluchtwege frei bleiben. Gäbe es sie nicht, könnte man sich am Ganges wähnen.

Dass Göttin Sri Kamadchi Ampal ihr europäisches Zuhause in Hamm-Uentrop gefunden hat, verdankt sie der leisen Beharrlichkeit von Sri Paskarakurukkal. Dafür darf er sicher weiterhin mit göttlichen Eingebungen rechnen. Auch den Segen der Hammer Bürger hat der Geistliche längst. Beides braucht er, denn der Priester hat schon ein neues Projekt ins Auge gefasst: Neben dem Tempel soll ein großes tamilisches Kulturzentrum entstehen. Es gibt ein Grundstück, ein Modell, eine Spendenhotline und die Zusage des Architekten Eichhorst.

Ganges? Nein, der Datteln-Hamm-Kanal. Unterhalb der Autobahnbrücke versammeln sich die Gläubigen zur rituellen Waschung

PROFESSOR FÜR ELEKTROMOBILITÄT

FRIEDBERT PAUTZKE

Sie ist sportlich, schlank, stilvoll. Professor Friedbert Pautzke begutachtet wohlwollend die gerundeten Flanken. Das Exemplar vor ihm ist zwar ein Solitär, doch weder Einzelkind noch erstgeboren, im Gegenteil: Im Zweijahrestakt erblickten seine Geschwister das Licht der Welt. Mit denen muss sich die formvollendete Schönheit messen und vergleichen lassen. Einige der Vorgänger haben schon internationale Preise gewonnen oder stehen im Guinness-Buch der Rekorde. Alle kommen sie aus Professor Friedbert Pautzkes Stall.

Der Herkunftsvergleich verweist nicht auf den Reiterhof, sondern eher in Richtung Formel Eins. Ort des Geschehens ist die SolarCar-Werkstatt an der Hochschule Bochum. Und der von Professor Pautzke begutachtete Renner heißt thyssenkrupp SunRiser. Es ist das siebte Solarauto, das hier auf dem Campus von seinen Studierenden gebaut wurde. Pautzke ist hingerissen.

Teamgeist

Dass der heutige Vater des SolarCar-Projektes einmal führender Experte und Hochschulprofessor werden würde, war in seinen Teenagerjahren keineswegs abzusehen. Mit 14 Jahren verließ er die Hauptschule. Seine Legasthenie hinderte ihn daran, das Gymnasium zu beenden. Stattdessen machte er eine Lehre als Elektroanlageninstallateur. Nach Fachabitur und Zivildienst studierte er Elektrotechnik, promovierte und war acht Jahre lang Betriebsleiter in der Industrie, bevor er einen Ruf an die Hochschule erhielt und das Institut für Elektromobilität aufbaute. Es fällt auf, dass Pautzke sehr viel öfter »wir« als »ich« sagt. »Das Team ist der Star«, lautet sein Credo. Wenn fotografiert werden soll, dann doch bitte nur die Studierenden

CITY OF ADELAIDE
FINISH

oder die Wagen, er muss nicht aufs Bild. Pautzkes studentisches Team setzt beim thyssenkrupp SunRiser und seinen Sonnengeschwistern komplett auf regenerative Stromerzeugung. Das Bochumer Hochschulinstitut hat deshalb im autoverrückten Ruhrgebiet Berühmtheit erlangt. Ob im Imagefilm des Reviers, der stündlich auf der Zeche Zollverein gezeigt wird, oder auf Auto- und Nachhaltigkeitsmessen: Die energieautarken Flitzer aus Bochum gelten als Geschöpfe des Ruhrpotts und werden voller Stolz landesweit und international präsentiert. Sie sind sichtbare Vision für eine neue Mobilität und hoffnungsvolles Beispiel für den Strukturwandel. Pautzkes Solarautos verkörpern gleichermaßen fahrbaren Optimismus und Zukunftsglaube an einen abgasfreien Straßenverkehr. Es wird zwar auf absehbare Zeit noch kein solarbetriebenes Auto in Serienproduktion geben. Die schnittigen Elektro-Flitzer sind trotzdem ein Leuchtturm-Projekt für die Bochumer Studenten.

Vor vier Monaten stand die Abnahme des thyssenkrupp SunRiser an. Mechanik, Elektronik, Reifen, Bremsen, Felgen, Fahrwerk, Sicherheitsgurte: Alles wurde genauestens getestet. Denn die solarbetriebenen Autos sind keineswegs weltfremde Spielereien aus dem Elfenbeinturm der Hochschule. »Neben dem Energieverbrauch haben wir die Alltagstauglichkeit im Sinn«, verkündet Friedbert Pautzke. »Und wir brauchen die Straßenzulassung für die World Solar Challenge in Australien.«

Nach Australien zur Weltmeisterschaft

Das ist die inoffizielle Weltmeisterschaft der Solarautos, die alle zwei Jahre »down under« stattfindet. Ein Highlight für die Hochschule, auf das semesterlang hingefiebert wird. Die Bochumer treten in der Cruiser-Klasse an. Diese Kategorie ist maßgeblich durch die Hochschule Bochum entstanden. Voraussetzung ist, dass die teilnehmenden Fahrzeuge eine Straßenzulassung im Heimatland haben, und Pautzkes Adepten waren, was das angeht, schon vor Jahren ganz vorne dran. Bis zu 40 Studentinnen und Studenten konstruieren bei Proffessor Pautzke so ein Photovoltaik-Fahrzeug – und zwar in Eigenregie. Alle zwei Jahre geht es dann für einige Wochen nach Australien zur Weltmeisterschaft. Angehörige aller möglichen Fächer sind vertreten: Informatik, Mechatronik, Maschinenbau, Elektrotechnik, um nur einige zu nennen.

Da ist zum Beispiel Sylvia Illberger, gelernte Mechatronikerin, die nun ihren Bachelor in diesem Fach macht. Oder Julia Rose, die Wirtschaftsingenieurin werden will. Die meisten im SolarCar-Team sind allerdings Männer. Friedbert Pautzke bedauert, dass sich in den technischen Studiengängen nur fünf Prozent Studentinnen eingeschrieben haben. Gleichwohl wollen alle beteiligten Akademiker zeigen, dass es gelingen kann, allein mit der Energie der Sonne bislang nicht für möglich gehaltene Entfernungen zurückzulegen. Das Fahrzeugdach des thyssenkrupp SunRiser ist von knapp 1.000 Solarzellen bedeckt, insgesamt eine Fläche von drei Quadratmetern. Photovoltaik aufs Autodach zu bringen, ist ein schwieriges Unterfangen. Und bislang ein sehr teures: Die Solarzellen aus Gallium-Arsenid, die den Akku mit Energie versorgen, kosten 250.000 Euro. Immerhin haben sie sich bereits im Weltraum bewährt.

Die Prüfung zur Straßenzulassung war, wie jedes Mal, sehr spannend. Obwohl für alle Beteiligten viel auf dem Spiel stand, gab es in der Projektgruppe keine Nervosität. Das lag zum einen an den vielen Campingstühlen, auf denen es sich die Studenten und Studentinnen bequem gemacht hatten. Zum anderen herrschte Entspannung vor, weil die Straßenfahrten des Solarautos eigentümlich leise ablaufen. Wer nie zuvor ein Elektroauto in Aktion erlebt hatte, traute hier seinen Ohren kaum, wie geräuscharm der thyssenkrupp SunRiser umher kurvte. Dezent sauste er an den qualmenden Asphaltkollegen vorbei.

Als nach der Abnahme die begehrten schwarzen Nummernschilder angeschraubt waren, wurde das futuristisch wirkende Automobil auf den

»IM VORDERGRUND STEHEN NICHT NUR GUTE FAHRWERTE UND EIN ADRETTES ÄUSSERES. JEDES FAHRZEUG IST EIN UNIKAT, GANZ ALLEIN ERSCHAFFEN VON UNSEREN STUDIERENDEN.«

Straßen bestaunt, wie seinerzeit die ersten motorgetriebenen Fahrzeuge in der Ära der Pferdedroschken.

Forschen mit Praxisbezug

Eine Analogie, die Friedbert Pautzke gerne aufgreift, um das Anliegen seines vergleichsweise jungen Instituts zu veranschaulichen. Bisher wurden Elektroautos laut Pautzke meist so verstanden, dass bestehende Fahrzeugmodelle mit einem Elektromotor ausgerüstet werden. Für ihn ist das so, als solle eine Pferdekutsche auf einmal von einem Verbrennungsmotor angetrieben werden. Dies sei weder sinn- noch wirkungsvoll. In seinem Institut interessiert sich daher niemand für Ölwechsel oder Zündkerzen, dafür umso mehr für Leichtbau. Pautzke dazu: »Unser Solarauto ist ein Ausbildungsprojekt, mit dem wir zeigen wollen, dass es möglich ist, sich mit extrem leichten Autos über die Sonnenenergie fortzubewegen.« Aus diesem Grund müssen Elektroautos von Grund auf neu designt werden.

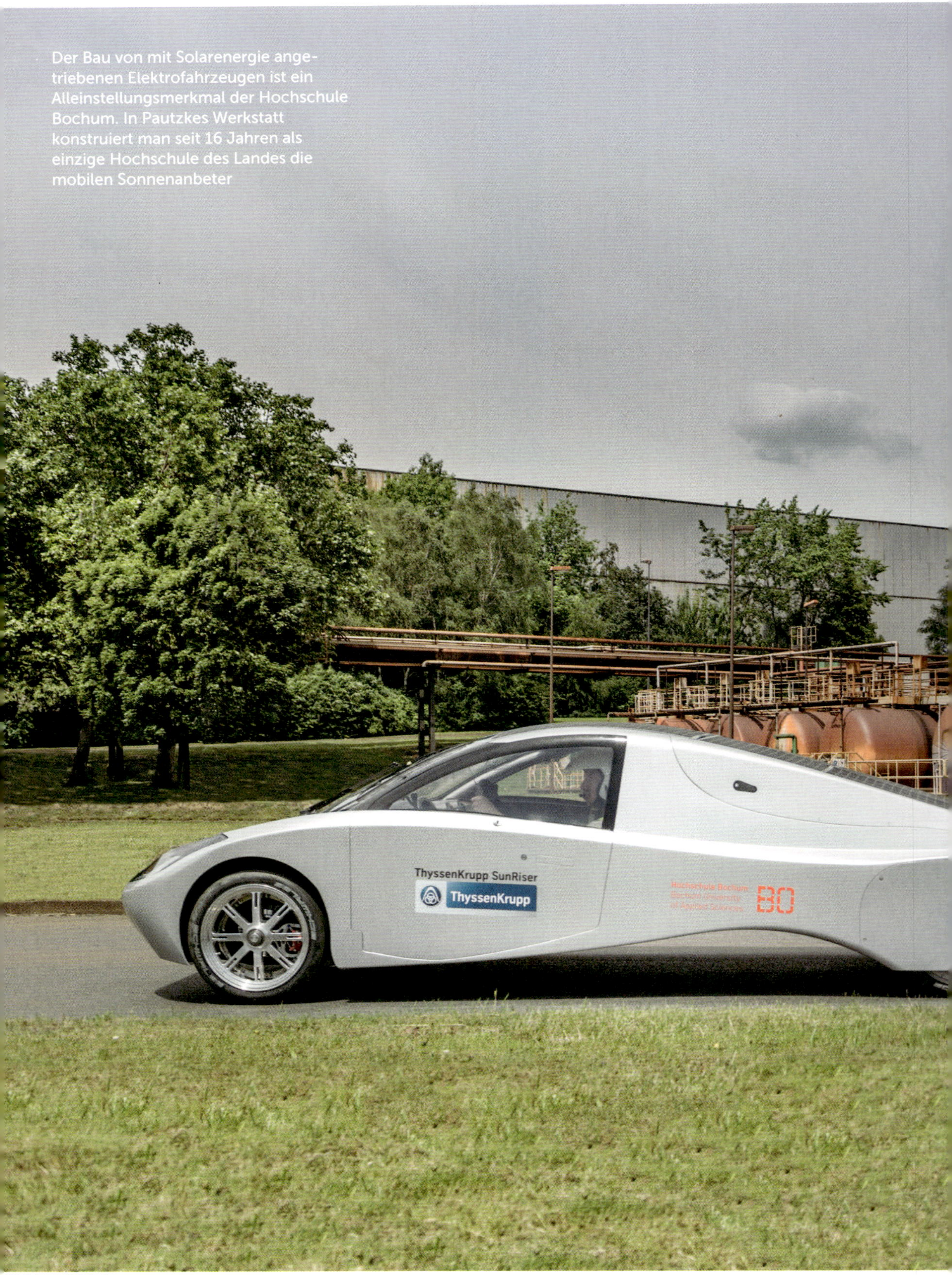

Der Bau von mit Solarenergie angetriebenen Elektrofahrzeugen ist ein Alleinstellungsmerkmal der Hochschule Bochum. In Pautzkes Werkstatt konstruiert man seit 16 Jahren als einzige Hochschule des Landes die mobilen Sonnenanbeter

B200

Möglich macht das Projekt eine Forschungskooperation mit der Firma thyssenkrupp. Das sei kein Sponsoring, sondern ein Forschungsauftrag, betont Pautzke. Und gleichzeitig ein Vertrauensbeweis, denn die Studierenden entwickeln und testen Leichtbaukomponenten, die anschließend in der Großserienproduktion der Autoindustrie eingesetzt werden sollen. Für Pautzke liegt das Geheimnis solcher Erfolgsgeschichten darin, Menschen Verantwortung zu geben: »Junge Leute müssen anders unterrichtet werden, als das standardmäßig passiert.« Er will sie fordern, fördern und herausfordern: »Hier habt ihr ein Budget. Baut damit ein Auto und nehmt in Australien teil!«

In der Sonnenwagenmanufaktur von Pautzkes Studierenden entsteht innovatives Zubehör. Klitzekleine Kameras statt Rückspiegel etwa, denn die unterbrechen erwiesenermaßen die Stromlinienform und kosten viel Energie. Oder außen liegende Bremsscheiben. Oder Radnabenmotoren. Das Design, die Konstruktion und alles andere um den Bau herum werden zu 100 Prozent auf dem Campus entwickelt. Dazu müssen immer wieder strategische Partner von auswärts gesucht werden.

Lange Ritter
EVONIK
3M

Infrage kommen etwa Firmen, die sich mit Laminiertechniken auskennen, auch wenn die Studierenden dann selbst für die Ausführung zuständig sind. Oder man macht sich auf die Suche nach »normalen« Autolackierereien für die Farbe. Alles, von den ersten technischen Zeichnungen auf Papier über die Sponsoren bis zur Lizenz für die Weltmeisterschaft, organisieren die Studierenden selbst. Pautzke gibt nur Eckpunkte vor und er betreut das Projekt als Mentor. Der Professor fordert dabei von seinen Studenten und Studentinnen eine selbstständige Auseinandersetzung mit allen Aspekten, die so ein komplexes Projekt mit sich bringt. Sämtliche Forschungs- und Lernergebnisse beim thyssenkrupp SunRiser sind das Produkt von »Problem Based Learning«, problemorientiertem Lernen also. Auch das ist eine Besonderheit bei ihm. Da kann die Fragestellung noch so kniffelig und komplex sein, die Teams entwickeln fachbereichsübergreifende Lösungen, die sich im harten Praxistest bewähren müssen. Tun sie das nicht, wird weiter geforscht, gelötet, gebohrt, laminiert oder telefoniert. Professor Pautzke und seine Kollegen sorgen lediglich für die notwendige Infrastruktur – und weitere Herausforderungen.

Weltrekorde

Die größte davon ist zweifelsohne die World Solar Challenge. Sie startet in Darwin im Norden des roten Kontinents. 3.000 Kilometer weit fahren die Teilnehmer von dort Richtung Süden nach Adelaide – allein mit der aus dem Sonnenlicht gewonnenen Energie. Bei einem anderen Projekt ging es sogar einmal rund um den Globus. Das war vor fünf Jahren. Einer der Vorgänger des thyssenkrupp SunRiser legte eine Strecke von 29.753 Kilometern zurück. Die Weltumrundung von Australien über Neuseeland, die USA, Europa und Russland ist die längste Strecke, die jemals mit einem Solarmobil gefahren wurde. Geadelt wurde die Leistung mit einem Eintrag ins Guiness-Buch der Rekorde. »Der Weltrekord zeigt, auf welchem Niveau die Studierenden unserer Hochschule forschen und arbeiten. Elektromobilität ist für uns keine theoretische Option, sondern praktisch machbare Realität«, freut sich Friedbert Pautzke. Bei der letzten Weltmeisterschaft belegten die Bochumer mit dem thyssenkrupp SunRiser den dritten Platz. Seine Studierenden machen Professor Pautzke stolz. Wieder ist der Traum vom scheinbar mühelosen Dahingleiten ein Stück realistischer geworden.

ThyssenKrupp SunRiser
ThyssenKrupp
11

KLINIKCLOWNIN

SILKE EUMANN

Der elfjährige Selim ist mit seinen Eltern aus einer Kriegsregion ins Ruhrgebiet geflüchtet. Es geht ihm gar nicht gut, und er liegt in einem Bett in der Kinderklinik Moers. Schon seit zwei Tagen hat er mit niemandem mehr gesprochen. Da klopft es an der Tür seines Krankenzimmers und ein lustig-bunt gekleideter Clown mit einer roten Nase schiebt sich herein: Es ist Silke Eumann, hier viel besser bekannt als Klinikclown »Flocke«. Jede Woche ist sie im Ruhrgebiet unterwegs. Mit weit aufgerissenen Augen fragt sie Selim: »Hast du etwa deine Stimme verloren?«

Nachtdienst GO
Zimmer
Pflege
Arzt
Zimmer
Carmen
Andrea O
Pflege
Arzt
Aufnahme 7.00 Uhr

Wenn Silke Eumann heute Selim und die anderen kleinen Patienten zum Lachen bringt, hat sie schon mehrere Stunden Theaterarbeit in der Oberhausener Fasia-Jansen-Gesamtschule hinter sich. Die ausgebildete Schauspielerin und Regisseurin lässt die Teenager »Präsenz zeigen« und ermuntert sie, einen »Spannungsbogen« aufzubauen.
In der Schule ist Silke Eumann eine uneingeschränkte Respektsperson. Dabei ist sie mal auf Augenhöhe der Kinder und Jugendlichen, mal ist sie klare Anleiterin und dabei auch strikt.

Steter Rollenwechsel

Kein bisschen streng ist Silke Eumann, wenn sie sich in einen Klinikclown verwandelt hat. Heute ist sie mit ihrer Kollegin Iris Held, alias »Stift« unterwegs. Stift und Flocke krabbeln unters Bett des verstummten Selim, lüften einen Zipfel seiner Bettdecke, sehen in der Blumenvase nach und rumpeln auf ihrer Suche nach der verlorenen Stimme polternd aneinander. Flocke runzelt die Stirn: »Bestimmt musste deine Stimme mal Pipi machen.« Da endlich lächelt Selim. Als Flocke ihm dann noch ein Kuscheltier schenkt, ist das Eis gebrochen. »Stimmen können gar nicht Pipi machen«, flüstert das Kind. Das ist die Chance!

Flocke verwickelt den kleinen Patienten mit koboldhaftem Geschick in ein herrlich-absurdes Frage-und-Antwort-Spiel.

Szenenwechsel. Am Vormittag in der Schule forderte Theaterpädagogin Eumann, dass sämtliche Kaugummis aus den Mündern verschwinden, und zwar sofort und ohne Widerrede. Sie wirft auch mal ein Kind aus dem Ensemble, wenn es sich immer wieder querstellt. Für die Schüler der Gesamtschule ist ihre Schauspiellehrerin eine Autorität. Wochen- und monatelang arbeitet sie mit ihnen, damit ihre jugendlichen Akteure es schaffen, am Festival »Bühnenstreber« im Theater Mülheim an der Ruhr teilnehmen zu können.

Die Auftritte auf der Theaterbühne sind für die Kinder und Jugendlichen eine besondere Herausforderung. Dass die gelernte Schauspielerin mit ihrem Wirken nebenbei auch die Klassengemeinschaft stärkt, den Schülern Manieren vermittelt und sie dazu bringt, respektvoll miteinander umzugehen, sind wichtige Nebeneffekte. Das wirkt sich positiv auf das Schulklima aus. Denn wo Kinder und Jugendliche aus 47 Nationen zusammenkommen, weiß Silke Eumann, bleiben Spannungen nicht aus. Gerade deshalb seien neben

dem eigentlichen Theaterspielen Pünktlichkeit, akribische Vorbereitung und Disziplin wichtige Lerninhalte.

Mit Improvisationskunst gegen die Krankenhaus-Tristesse

Der Clown Flocke muss hingegen nur ins Kostüm schlüpfen und sich schminken und dann kann es schon losgehen. In ihrem pinkfarbenen Kleid, mit der roten Clownsnase und der Blume im Haar verkörpert Silke Eumann ein fröhliches Kontrastprogramm zum oftmals stressigen und tristen Krankenhausalltag. Die fröhliche Maskerade sorgt in Moers zuallererst mal für gute Laune mit Herz. Selbst mürrische Kantinenhelfer oder gestrenge Medizinprofessoren schmunzeln, wenn sie Flocke mit ihrem pinken Rollkoffer durch die Flure ziehen sehen. Was im Krankenzimmer genau gespielt wird, bereitet sie niemals vor, nur die Krankengeschichten der Kinder, die haben Flocke und Stift im Kopf. »Wir improvisieren«, erklären die beiden kurz und knapp ihr künstlerisches Programm.

Weil die jungen Patienten in jedem Zimmer anders sind, müssen die Klinikclowns in ihren vierstündigen Auftritten immer wieder spontan agieren und reagieren. Die Interaktion mit den kranken Kindern sei dabei das Wichtigste, betont Silke. Nur im Miteinander gelingt es, die kleinen Patienten für ein paar Momente aus dem Klinikalltag herauszureißen. Zauberei, Musik, Geschichten und Faxen brauchen den Nährboden der Gemeinsamkeit, dann können sie wirken. Dass der bis eben noch stumme Selim nun wieder spricht, wird die anstehende Visite enorm erleichtern, freut sich die Stationsschwester und trägt sofort den Erfolg auf ihrem Klemmbrett ein. Währenddessen sind die rotnasigen Frauen nach dem Abschied von Selim schon über den Krankenhausflur ins nächste Zimmer weitergezogen.

Was die strengen Klinikabläufe angeht, tanzen Flocke und Stift aus der Reihe. »Wir sind die Einzigen, die nichts wollen: keine Spritze geben, kein Bett zur OP abholen, kein Fieber messen«, sagt Silke Eumann. Und wenn Flocke doch mal Fieber misst, dann mit einem Maßband wie eine Schneiderin. »Ei-hein Meter zwa-hanzig«, verkündet sie theatralisch der kleinen Klara, die an Mundfäule leidet. Flocke verheddert sich tollpatschig im Maßband und Clown-Kollegin Stift muss sie schimpfend aus dem Wirrwarr wickeln. Natürlich bekommt auch Klara zum Abschied einen Trostteddy geschenkt. Den drückt sie sofort vergnügt und innig an ihre Wange.

Lachen befreit

Schon seit 15 Jahren ist Silke Eumann als Klinikclown für den gemeinnützigen Verein »Clownsvisite« unterwegs. Zu dieser verdienstvollen Beschäftigung kam sie, als der Sohn einer Freundin nach einem schweren Unfall zum Pflegefall wurde. Da wuchs in ihr die Idee, wie sie jenseits aller gut gemeinten Worte Eltern und Kindern Trost und Ablenkung spenden konnte. »Für einen Moment Licht schenken«, das will Silke Eumann, wenn sie als Flocke unterwegs ist, ebenso wie Stift und die anderen zwölf im Verein organisierten Clowns.

Die Auftritte kommen fast immer gut an. Nach dem Besuch der Spaßmacher sind die Kinder gut gelaunt wie Klara oder nicht mehr so verschlossen wie Selim. Manchmal vertreiben die Clowns auch die Angst vor medizinischen Behandlungen. So wie bei Mustafa, dem jetzt Blut abgenommen werden soll. »Die Anwesenheit der Klinikclowns hilft uns sehr«, lobt die Stationsschwester. Sie hat schon mitbekommen, dass die wöchentlichen Besuche von Flocke und Stift wahre Höhepunkte für »die Knirpse« darstellen. Schmunzelnd nickt die Krankenschwester den beiden zu, als sie schon am nächsten Patientenbett stehen. Klinikclowns wie Flocke und Stift unterstützen den Heilungsprozess von kleinen (und manchmal auch von großen) Patienten. Sie bringen die Menschen zum Lachen und befreien sie für eine Weile von ihren Sorgen. Auf diese indirekte Weise tragen sie dazu bei, dass sie wieder gesund werden. Die Konfrontation

»ALS CLOWNIN FLOCKE BRAUCHE ICH ZUR VORBEREITUNG LEDIGLICH INS KOSTÜM ZU SCHLÜPFEN UND MICH ZU SCHMINKEN. DANN IST ES NUR NOCH WICHTIG, MEIN HERZ ZU ÖFFNEN.«

mit emotional schwierigen Situationen bleibt dabei nicht aus. Da brauchen Silke und ihre Mit-Clowns Gespür und Feingefühl, um Zugang zu den leidenden Kindern zu finden. Die Kunst der Clownerie eignete sich Silke Eumann durch unzählige Fortbildungen an.

Dabei kamen ihr die langjährigen Erfahrungen als Schauspielerin und Theaterpädagogin zugute. Doch Handwerk ist nicht alles. Als Klinikclown braucht man vor allem Einfühlungsvermögen und Empathie. »Wir unterstützen die Kinder auch darin, ihren Missmut zu äußern, wenn es sein muss.« Das ist nicht immer leicht auszuhalten. Denn manchmal lassen die Kleinen ihren angestauten Frust auch an den Clowns aus und reagieren aggressiv. Oder sie beginnen hemmungslos zu schluchzen. Die beiden rotnasigen Frauen nehmen Gefühlsausbrüche nicht übel, im Gegenteil. Alles, was den Klinikalltag erträglicher macht, ist in Ordnung, finden sie.

»FÜR EINEN MOMENT LICHT SCHENKEN, MEHR WILL ICH GAR NICHT. SO BEKOMMEN ZAUBEREI, MUSIK, GESCHICHTEN UND FAXEN DEN NÄHRBODEN, AUF DEM SIE WIRKEN.«

Am Ende der Clownsvisiten fühlen sich aber fast immer alle »wie frisch geduscht«: Patienten, Clowns und ein wenig sogar das Klinikpersonal. Silke Eumann: »Ich empfange hier genauso viel, wie ich gebe.«

Pferde und Führung

Mit ihrer mädchenhaften und fröhlich-exzentrischen Garderobe und ihrer aufrechten Haltung, antrainiert in vielen Jahren auf der Bühne, ist Silke Eumann ein beeindruckend starker und optimistischer Mensch. Ihren 50. Geburtstag hat sie bereits gefeiert, aber sie wirkt deutlich jünger. »Das kommt von der vielen frischen Luft beim Reiten!«, verrät sie ihr Rezept. Die vielseitige Frau bietet neben ihrer Arbeit im Schultheater und in Kinderkrankenhäusern noch Wochenendseminare an, bei denen die Teilnehmer über die Arbeit mit Pferden eine Menge über ihr eigenes Führungsverhalten lernen.

So schafft es die Pferdenärrin, ihr Hobby auch beruflich einzusetzen, diesmal in der Arbeit mit Erwachsenen. Nicht zuletzt ermöglichen ihr diese Seminare, oft in der Natur zu sein, wo sie ihre »Batterien wieder auflädt«, wie sie sagt. Silke Eumann, die Theaterlehrerin, Clown-Frau und Seminarleiterin ist ein wenig wie das Ruhrgebiet: eine vielseitige Malocherin, ehrlich, zupackend und ohne Scheu vor Anstrengungen. Egal, ob es darum geht, in der Schule eine Horde Teenager zu bändigen, im Krankenhaus als Clown Gutes zu tun oder den Pferdestall auszumisten.

KLANGKÜNSTLER

CHRISTOF SCHLÄGER

Werkstattkonzert bei Christof Schläger. Als er die Tür zu seinem Atelier aufsperrt, steht sein Orchester schon bereit. Beispielsweise die »Sirene«, ein großer, zuckender Oktopus, der Töne durch Schläuche von sich gibt.

Dagegen die Glockenspiele. Sie wirken wie riesige Heiligenscheine, diese mannshohen pneumatisch betätigten Trommeln in leuchtendem Orange. Brauser, Schwirrer, Knackdosen: Ein buntes Wirrwarr aus verrückten Instrumenten steht da, um Klangfolgen und Kompositionen hervorzubringen und das Publikum in den Bann zu ziehen.

Wenn Christof Schläger Symphonien aufführt, muss sich der gemeine Konzertbesucher ziemlich umstellen. Der Klangkünstler arbeitet mit Luft, die aus einer Windmaschine zischt. Mit umherwirbelnden Betonpumpen, die seine Ehefrau Marjon Smit wie ein Ballett dirigiert. Mit sausenden Geräuschen, die auf meterlangen Armen auf- und abwandern, indem sie Membranen auf Metalldosen in Schwingung versetzen. Und mit einem Telewald, bestehend aus 600 Türklingeln.

Rhythmus der Industriekultur

Atelier, Konzerthalle und Werkstatt von Christof Schläger sind in einer ehemaligen Maschinenhalle auf einem Zechengelände in Herne untergebracht. Zwar ist die Zeche Teutoburgia seit 1985 stillgelegt, die Halle beherbergt allerdings nach wie vor Maschinen – Christof Schlägers Klangmaschinen. In einem Eck des 600 Quadratmeter großen Gebäudes verbreitet ein Schwedenofen behagliche Wärme. Auf der roten Couch sitzt Schläger und trinkt grünen Tee. Seine Verschnaufpause vorm abendlichen Werkstattkonzert. Die Stühle für das Publikum sind bereits aufgestellt. Nicht in Reih und Glied, sondern durcheinander in der Mitte des Raumes mit den Instrumenten drum herum. So komme die Akustik am besten zur Geltung, wird der Künstler später seinem Publikum erklären. Vor dem Konzert geht es noch einmal in die Werkstatt, die musikalische Herzkammer von Schlägers Schaffen. Das Geräusch, das ertönt, wenn er Metall zurechthämmert, hörte sich schon vor Jahrhunderten so an. Es ist der Rhythmus der Industriekultur. Heute formt und beklopft Schläger das Metall, um die Klangkörper chromatisch zu stimmen. Auf diese Weise lassen sich die von ihm komponierten Melodien und Klangteppiche problemlos reproduzieren. Seine Partituren sehen aus wie normale Notenblätter. Die Tonfolgen bleiben nicht wie bei anderen modernen Klangkünstlern dem Zufall überlassen. Wann was wummert, hat der Komponist vorher mit Hilfe einer Software programmiert.

Atelier, Werkstatt und Konzerthalle in einem: die ehemalige Maschinenhalle auf dem Zechengelände Teutoburgia in Herne

Nur dieses Element der Konzerte ist digital, die Klänge selbst werden immer analog erzeugt. So wie andere Dirigenten mit dem Taktstock die Musiker und den Ablauf der Aufführungen lenken, kontrolliert Christof Schläger die Maschinenlaute über den Laptop.

Einzigartige Instrumente

Der Klangkünstler baut alle seine Instrumente selbst. Er könnte sie auch bei keinem Instrumentenbauer dieser Welt bestellen. Seine Klangerzeuger haben eine eigene, manchmal verwirrende, manchmal Ehrfurcht gebietende Ästhetik. Sie bestehen beispielsweise aus Blechstreifen, die aussehen wie Lametta im XXL-Format. Oder wie über Metallzylinder gespannte Kunststofffolien. Denen entlockt er Töne, indem er Druckluft durch die Röhren sausen lässt. Sein Einfallsreichtum, aus den unterschiedlichsten Bauteilen ungeahnte Klänge herauszuholen, scheint grenzenlos zu sein, gleich den gewaltigen Arealen, die er mit seinen eigenwilligen Klängen beschallt. So gehört ein Konzert für zwei Quadratkilometer zu seinem Repertoire, umgebaute Schiffshörner spielen darin eine maßgebliche Rolle. Erst 2007 begann Christof Schläger damit, Instrumente für draußen zu kreieren. Trotz dieser kurzen Zeitspanne ist er aber schon ganz schön herumgekommen. Seine Freiluft-Konzerte führten ihn aus dem Ruhrgebiet nach Helsinki, Flensburg, Shanghai und Krakau. Bei allen Großereignissen spielt seine Ehefrau Marjon – ausgebildete Dramaturgin und Choreografin – eine wichtige Rolle. Bei »Schwingungen«, einem Konzert am Rhein-Herne-Kanal im Herbst 2010, war sie die Regisseurin für viele gewichtige Mitwirkende: sieben Betonpumpen, zwei Greiferbagger, eine Diesellok.

Christof Schläger arbeitete während seines Studiums noch auf einer Zeche

»ICH HABE MICH NIE BEMÜHT, MEINE AUSDRUCKSFORMEN AN DIE ERWARTUNGEN DER KUNSTSZENE ANZUPASSEN.«

Marjon Smit wacht auch darüber, wann Schiffe kreuzen oder bei einer 180-Grad-Drehung eine Pirouette auf dem Fluss hinlegen, wann was beleuchtet wird oder in die Luft abhebt, wann genau die Betonpumpenfahrer ihren Einsatz bei dieser Performance haben. Das Paar arbeitet so perfekt zusammen, wie Christoph Schlägers Musik ins Ruhrgebiet passt. Ob draußen oder drinnen, er ist der Komponist der Industriekultur.

Von Oberschlesien ins Ruhrgebiet

Geboren wurde Christof Schläger im oberschlesischen Beuthen (heute Bytom, Polen). Sein erster Kontakt mit industriellem Klang fand im zarten Kindergartenalter statt. Schlägers Vater, technischer Leiter beim Braunkohletagebau, nahm seinen Sohn mit an seinen Arbeitsplatz und dort staunte der kleine Christof über Schaufelradbagger, deren gigantische Mäuler sich in die vibrierende Erde fraßen.

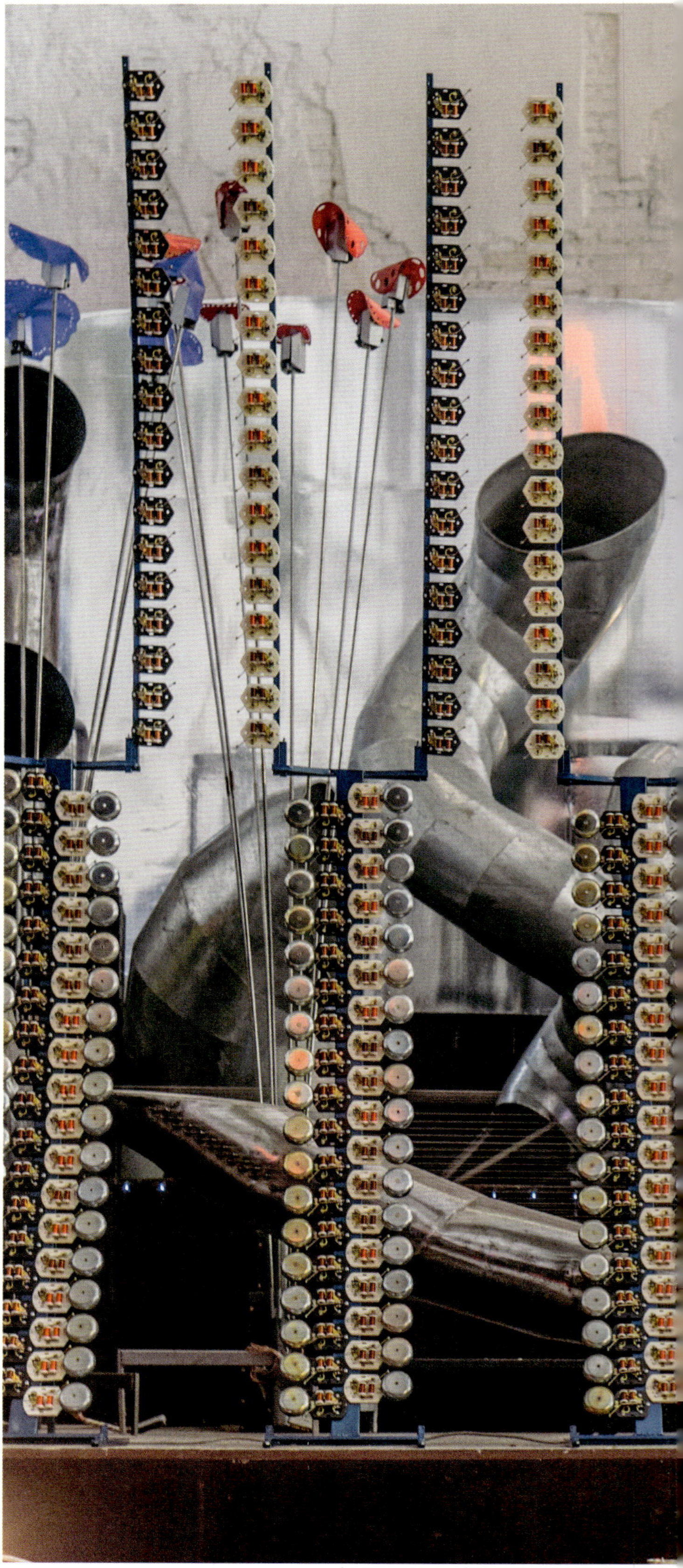

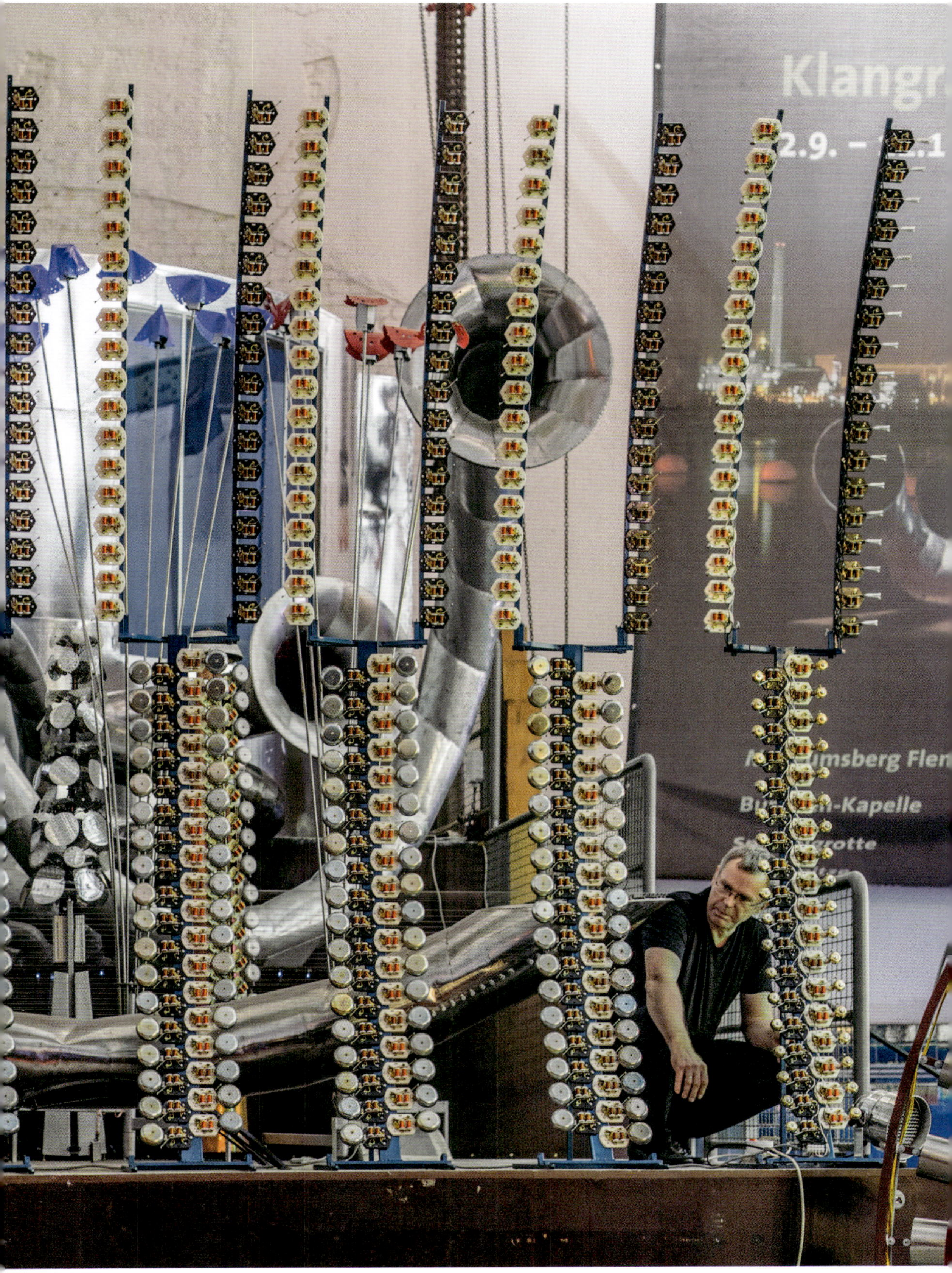

Mit den Klängen der oberschlesischen Industrielandschaft wuchs Christof zweisprachig und bimusikalisch auf. Für ihn gibt es bis heute nicht nur die »normale« Musik aus dem Radio. Auch das Reiben von Metall über Beton, Hammerschläge auf Metallblech, das Pfeifen eines Hydraulikventils sind für ihn äußerst melodisch. Schon der junge Christof kombinierte Töne und reihte sie aneinander, wie seine gleichaltrigen Freunde es mit Bauklötzchen oder Legosteinen taten.

Während seines Klavierunterrichts offenbarte sich großes musikalisches Talent, doch den 13-Jährigen interessierte es mehr, das ganze Instrument zu demontieren, als ihm schöne Töne zu entlocken. Er flocht Drähte zwischen die Saiten und befestigte Reißzwecken auf den Filzhämmerchen. Der Klavierschüler Christof war hingerissen. Die Eltern jedoch zeigten sich entsetzt über die veränderten Töne, vor allem jedoch über ihr zerstörtes Klavier. Das ist längst vergessen. Die Eltern besuchen seine Konzerte mittlerweile gerne.

Sie erinnern sich daran, wie sie mit ihrem zehnjährigen Jungen als Flüchtlinge nach Deutschland kamen und den polnischen Tagebau gegen den Untertage-Bergbau des Ruhrgebiets eintauschten. In der neuen Heimat offenbarte sich Christof Schläger akustisch wieder ein Paradies. Denn auch das Revier hämmerte und heulte, wimmerte und stöhnte vom Stakkato der Presslufthämmer und vom Lärm der Stahlwerke. Damals legten sich mächtige Geräusche über die zusammengewachsenen Städte wie die Ascheschichten auf die Dächer. In seiner Maschinenhalle in Herne kann Christof Schläger bis heute seinen lautmalerischen Appetit stillen. Wenn er seine Klangkörper zu konzertantem Leben erweckt, sie zu tonalen Höhenflügen anstachelt, haucht ihnen Christof Schläger Persönlichkeit ein, musikalisches Charisma und sogar Charme. Jedes Instrument bekommt in seiner Werkstatt eine eigene Handschrift oder vielmehr eine Lautschrift. Was auf seiner Werkbank liegt, hämmert Christof Schläger raus aus dem Korsett der Zweckdienlichkeit.

Martialischer Anblick – harmonischer Klang

Dass der Klangkünstler Ingenieurswissenschaften studierte und handwerklich geschickt ist, erweist sich als ein großer Vorteil für sein heutiges Schaffen. Es ist ein Markenzeichen, dass sein Orchester immer

»Schwingungen« am Rhein-Herne-Kanal fand am 1. Oktober 2010 statt. Mitwirkende: sieben Betonpumpen, zwei Greiferbagger, eine Diesellok. Das Konzert wurde pyrotechnisch illuminiert und überraschte die Besucher nicht nur mit Tönen, sondern ebenfalls mit ausgefeilten Lichtinszenierungen

Aufbau für ein Konzert in den Flottmann-Hallen in Herne bei der jährlich stattfindenden Veranstaltung »Extraschicht«. Was Schläger an Klangkörpern produziert, ist verwegen, geradlinig, modern. Ihnen wird jeder Firlefanz erspart

noch aus den von ihm »merkwürdig« zusammengefügten Maschinen besteht. Doch so ausgefallen, bisweilen martialisch manche Orchestermitglieder auch aussehen, bei Konzertbeginn erklingen alle gemeinsam in Harmonie. Mächtig, überraschend, erhebend, manchmal exotisch und fremd, manchmal vertraut wie die Begleitmusik einer untergegangenen Epoche. Das Konzert besteht aus der Interaktion der Objekte. Sie spielen sich die Bälle zu, ihre Töne durchwandern sausend den Raum und verdichten die komponierten Klangflächen. An jedem Punkt des Konzertsaals kann die Musik anders erlebt werden. Schläger fordert stets ausdrücklich dazu auf, während des Konzerts umherzugehen. Doch auch auf dem Platz verweilend, kann man sich Assoziationen hingeben. Die Musik löst Bilder und Empfindungen aus, die Kette reicht von Urklängen, Tönen der alten Industriekultur des Ruhrgebiets bis hin zu Science-Fiction-Gedankenspielen. Ein Konzert von Christof Schläger ist zunächst ein ungewohntes Hörerlebnis. Zuhörer, die Schlägers Werke zum ersten Mal vernehmen, sind gleichzeitig überrascht: Trotz der unförmigen Klangkörper kommt das Werk konzertant daher. Es ist voller Poesie. Eine in Töne gegossene Harmonie mit einer Einleitung, einem Höhepunkt und einem fulminanten Schluss. Also ganz so, wie Konzertbesucher es von einer Symphonie erwarten.

Am Ende ist der Applaus kräftig und lang anhaltend. Bei der After-Show-Party fachsimpelt die Nachbarschaft über Christofs Anfänge im Revier. Voller Stolz feiert man den Klangkünstler der Siedlung Teutoburgia. Es dämmert schon, als ein zufrieden lächelnder Christof Schläger die Maschinenhalle nach dem Konzert wieder absperrt.

Die Musik löst Bilder und Empfindungen aus. Neben der Industriekultur werden hier Urklänge angesprochen und Science-Fiction-Gedankenspiele angeregt. Trotzdem ist sie voller Poesie. Eine in Töne gegossene Harmonie mit einer Einleitung, einem Höhepunkt und einem fulminanten Schluss

HANS BLOSSEY

LUFTBILD-FOTOGRAF

Es quietscht, als Hans Blossey die Tore des Hangars in Hamm aufschiebt. Seine TMG Dimona H36 steht ganz vorne. Er zieht seine Maschine am Propeller aus der Halle und befestigt die angelegten Flügel. Akribisch und mit geübten Handgriffen checkt er außen und innen; jedes Mal werden die Schrauben und der Ölstand aufs Neue kontrolliert. Niemand geht so oft in die Luft wie Blossey.

Copilot Winni Mösch ist ebenfalls startbereit. Die beiden steigen ein, richten ihre Gurte und schnallen sich an. Als eingespieltes Team werfen sie sich wie beim Pingpong wechselweise die kryptischen Worte der Pilotensprache zu. Dazwischen meldet sich knacksend der Tower: »Startbahn Zwo Vier, QNH Eins Null Eins Drei.« Erneutes Knacksen: »Wind Zwo Eins Null Fünf Knoten.« Die beiden Piloten wissen nun, dass heute »Standard« Luftdruck über 1013 Millibar herrscht und der Wind mit einer mittleren Stärke von 9,26 km/h von links kommt. Optimales Flugwetter.

Von der Pike auf gelernt

Sein fotografisches Handwerk erlernte Blossey während eines Fotovolontariats bei der Westdeutschen Allgemeinen Zeitung (WAZ) in Essen. Er arbeitete anschließend als Bildredakteur im gesamten Ruhrgebiet. Zehn Jahre lang war er verantwortlicher Fotograf für die Seite Eins und die Reportage-Redaktion mit nationalen und internationalen Themen: Politik, Sport, Kunst, Kultur, die Welt der großen und kleinen Stars, Terror, Katastrophen, Schönes und Schreckliches. »Wenn es wichtig war, kam der Blossey«, erinnert sich der ehemalige WAZ-Redakteur

Bert Giesche an seinen früheren Kollegen. Lange bevor Hans Blossey in die Luft ging, fotografierte er »an Land«. Schon damals stieg er überall hinauf, um die beste Ausgangsposition für seine Motive zu bekommen. Fragte sogar Anwohner, ob er aus deren Schlafzimmer nach draußen fotografieren dürfe. Dank seines Charmes, seiner Überzeugungskraft und seiner angenehmen Stimme öffnete sich ihm so manche Tür.

Laut Vertrag soll er für die Westdeutsche Allgemeine Zeitung (WAZ) 500 Luftaufnahmen monatlich fotografieren. Er liefert jedoch 1.300. »Es gibt einfach zu viele schönste Bilder!«, lacht er. Er könne sich kaum entscheiden. Kein Wunder. Das Ruhrgebiet, der größte Ballungsraum Deutschlands, ist eine einzigartige Kulturlandschaft: meistens urban, manches Mal bizarr und morbide, gelegentlich idyllisch wie der Zeitschrift »Landlust« entsprungen. Hans Blossey liefert gerne atemberaubende Bilder aus großer Höhe, genauso aber auch Fotos aus einem überraschenden Blickwinkel. Seine luftigen Perspektiven sind von unten weder sicht- noch vorhersehbar. Immer wieder wechselt er zwischen Nahaufnahme und Gesamtüberblick.

Mit seinen Bildern dokumentiert Blossey die Veränderungen des Ruhrgebiets. Die Schönheit der Stadtlandschaften offenbart sich dabei ganz von selbst. Hörde, zum Beispiel, war früher geprägt von der Stahlindustrie. Wie in vielen Städten des Ruhrgebiets wurde es dort wegen der vielen fauchenden Feuer nachts nie richtig dunkel. Hans Blossey schüttelt den Kopf: »Niemals hätte ich dort leben wollen.« Heute, nach Jahren der Brache, beherbergt dieses einst trostlose Gelände den Phönixsee. Die Gegend gilt mittlerweile als eine der exklusivsten Wohnadressen des Potts. Villen säumen das Ufer des künstlichen Gewässers. Hans Blossey hat die Entwicklung des Hörder Phönixsees von seinen Anfängen bis zum landschaftlichen Schmuckstück akribisch dokumentiert. Seine Fotos sind sowohl historisch wie auch soziologisch und städtebaulich wertvoll.

Schönheit von oben

Dass er Pilot wurde, verdankt er seiner Anstellung als Fotoreporter. Vor mehr als 30 Jahren sollte er das Seniorenfliegen auf dem Flugplatz in Hamm ablichten und fragte dort unbedarft nach: »Wie wird man denn Pilot?« Man verwies ihn auf den demnächst stattfindenden Tag der offenen Tür. Er kam, sah und wusste,

AVGAS

dass er fliegen wollte. Ein finanzielles Polster, das er für eine Weltreise angespart hatte, steckte er stattdessen in eine Fluglizenz. Auf dem Flughafen verliebte er sich auch in seine heutige Frau, die bisher manches Flugmanöver »mit Sternen in den Augen« auf dem Nebensitz mitmachte. Die beiden verbindet die Leidenschaft für die Lüfte. Sie haben schon gemeinsam den Luftraum zwischen Camargue, Almeria und Ruhrgebiet durchmessen.

Die Menschen im Ruhrgebiet kennen Blossey und seine Luftbilder. Die Fotos sind in zahlreichen Büchern zu finden. Nahezu täglich präsentiert der Luftbildfotograf seine Ausblicke von oben in der Tageszeitung WAZ. Auch in bundesweit erscheinenden Zeitungen sieht man seine Aufnahmen in schöner Regelmäßigkeit. Blosseys ausdrucksstarke Fotografien werden häufig auf Seite Eins abgedruckt. Leser kommentieren sie begeistert und Besucher im Internet würdigen sie mit unzähligen Klicks. Niemand in der WAZ bekommt mehr Feedback für seine Beiträge. Die Botschaft lautet oft: Wie schön ist doch der Pott. Ob am Ufer der Ruhr, wo sich Wassersportler tummeln, oder auf der Baustelle des DFB-Museums in Dortmund, wo Kräne und Bagger von oben wie Legomodelle erscheinen. Ob es sich um das Wasserschloss Hugenpoet in Kettwig handelt oder das Kraftwerk Westfalen in Hamm: Hans Blossey hat in 30 Jahren das Bild des Reviers geprägt. Aus der Luft und mit seiner Kamera.

Kein anderes Tagesmedium in Deutschland zeigt so oft Luftbilder aus ihrem gesamten Erscheinungsgebiet wie die WAZ. Blossey ist der König der Luftbilder und seine Titelfotos sind die Kronjuwelen der Tageszeitung.

D-KAFM

Nicht nur Zechen, Stahlwerke und Halden vermitteln von oben ihre spezielle Schönheit. Baudokumentationen und geografische Aufnahmen von Landmarken machen die tiefgreifenden Veränderungen im Ruhrgebiet sichtbar. Blosseys berührende Fotografien tragen dazu bei, dass die Bewohner stolz auf diesen besonderen Flecken Erde sind. Auch das ist ein Verdienst von Hans Blosseys Arbeit. Er zeige den »Ruhris einfach, wie schön es in der Heimat ist«.

Über den Wolken

In der zweisitzigen Maschine sitzen Blossey und Mösch direkt hinter dem lauten Motor. Vor ihnen flirrt die Landebahn, die Blossey einst beim Seniorenfliegen ablichtete und die ihm heute so vertraut ist. Die Piloten unterhalten sich über ihre Mikrofone. Während sie warten, hören sie ein Brummen und Rattern, die sausenden und fiependen Fluginstrumente, das Knistern der Lautsprecher und Kopfhörer. Dann kommt krächzend vom Tower die »Information« zum Starten, also die Starterlaubnis. Die Räder rollen über die Startbahn, immer schneller vibrierend, bis die Maschine abhebt. Hans Blossey kann das Benzin riechen. So ähnlich muss sich auch Antoine de Saint-Exupéry vor 100 Jahren in die Luft hochgearbeitet haben.

dimona
D-KA

Hier gibt es keine aufblasbaren Westen, keine Rettungsrutsche oder Sauerstoffmasken, die zuverlässig bei abfallendem Druck von oben baumeln. Dafür sitzt man direkt hinter einer Panoramascheibe, die den Blick auf die ganze Pracht des Erdballs freigibt.

Gleich nach dem Abheben schreibt sich Hans Blossey die Tageszeit mit Kugelschreiber auf die Handinnenfläche. Später wird er sie ins Logbuch übertragen, denn es muss alles dokumentiert werden. Deshalb weiß er auch, dass er durchschnittlich 200 Flugstunden im Jahr absolviert. 4.000 waren es in seinem bisherigen Pilotenleben – ein Fünftel von dem, was ein Berufspilot auf dem Buckel hat. Bemerkenswert, weil er sein Hobby erst nebenberuflich ausübte und es noch keine zehn Jahre her ist, seit er als Luftbildfotograf den Weg in die Selbstständigkeit wagte.

Wenn Blossey fotografiert, hat er gerne einen Flugkollegen dabei, damit er sich ganz auf seine Motive und die Kamera konzentrieren kann. Blossey schießt die Bilder, während der andere steuert. Deshalb sitzt gerade Winni Mösch auf dem Nebensitz. Eigentlich darf Blossey nur bis auf eine Höhe von 600 Metern runter, aber dank einer Sondergenehmigung kann er gelegentlich auch bis auf 300 Meter über dem höchsten Gebäude schweben. Wenn es das Motiv erfordert, darf er außerhalb der Städte sogar 150 Meter tief fliegen. Bis das Gewünschte im Kasten ist, dauert es, und in jeder Sekunde verändert sich die Perspektive. Das unterscheidet Luftbildfotografen deutlich von Kollegen, die mit ihrer Kamera den Erdboden nicht verlassen, jedenfalls nicht höher, als Treppen oder Türme (oder Schlafzimmer von Anwohnern) es ermöglichen.

»ICH WILL MIT MEINEN BILDERN VERÄNDERUNGEN ZEIGEN. DIE SCHÖNHEIT OFFENBART SICH DABEI GANZ VON SELBST. DIE WAZ BEKOMMT LAUT VERTRAG 500 LUFTAUFNAHMEN MONATLICH. ICH LIEFERE JEDOCH 1.300, DENN ICH KANN MICH KAUM ENTSCHEIDEN.«

Wertvolle Dokumentation

Blossey hat mittlerweile ein riesiges Archiv von 250.000 Luftbildern zusammengetragen. Das Interesse an seinen Impressionen ist ungebrochen, bei ihm klopfen Tagesmedien, Hauseigentümer, Firmen, Verbände oder wissenschaftliche Einrichtungen an. Man könnte das Ruhrgebiet – wenn es etwa für eine Filmkulisse erforderlich wäre – komplett nach seinen Bildern zu jedem Zeitpunkt seit 1985 rekonstruieren.

Blossey fotografiert immer durch das offene Fenster. Seine Technik, beim Fotografieren eine ruhige Hand zu bewahren, hat er sich von den Sportschützen abgeschaut: Konzentration, ruhiger Atem, innere Stille, Meditation. Wenn Blosseys Aufnahmen Nebel zeigen, den Sonnen- untergang oder einen Regenbogen, werden sie selbst meditativ. Wie bei der Aufnahme des Flusses Lippe am nördlichen Rand des Reviers.

»STARTBAHN ZWO VIER, QNH EINS NULL EINS DREI WIND ZWO EINS NULL FÜNF KNOTEN« HEISST FÜR HANS BLOSSEY AUF DEUTSCH: »OPTIMALES FLUGWETTER!«

Er mäandert wie vor Urzeiten durch das flache Land. Auch von solch künstlerischen Aufnahmen finden sich etliche in Blosseys Portfolio. Hans Blossey bezeichnet sich nicht als Künstler. Das sagen aber andere: Galeristen, Museumsdirektoren oder Kuratoren.

Heute steht noch Blosseys Vernissage im Kunstmuseum Gelsenkirchen an, es geht um Bilder zum Thema »Abstrakte Strukturen«. Deshalb muss er schon wieder landen. Winni begleitet ihn zur Ausstellung und freut sich, dass er bei der Entstehung etlicher Bilder dabei war. Auch Blosseys Ehefrau ist selbstverständlich anwesend. Mittlerweile strukturiert sie das kleine luftfotografische Familienunternehmen. Als die Laudatio zu Ehren ihres Mannes sich dem Ende zuneigt, ist sie sicher: Dass sie sich damals auf dem Flughafen kennenlernten, war eine glückliche Fügung des Schicksals.

DER FOTOGRAF

Peter von Felbert,
Jahrgang 1966, ist in Oberhausen aufgewachsen. In diesem Buch würdigt er fotografisch die Menschen des Reviers. Nach dem Zivildienst studierte er in Bielefeld Fotografie. Fotoreisen führten ihn in nahezu alle Winkel der Welt. Immer wieder zog es ihn aber auch zurück ins Revier. Seine künstlerische Arbeit wurde mehrfach ausgezeichnet und in Galerien ausgestellt. Die Lebendigkeit des Ruhrgebiets einzufangen – der Heimat seiner Kindheit und Jugend – macht ihm besonders viel Freude.

DIE AUTORIN

Karin Lochner,
Jahrgang 1964, veröffentlichte ihre ersten Artikel während der Schulzeit. Ihre Reportagen und Porträts erschienen in Tageszeitungen, Magazinen, Reisebüchern und Blogs und wurden preisgekrönt. Obwohl sie selbst aus einer Bilderbuchlandschaft in Bayern stammt, erlebte sie das Ruhrgebiet als eines der spannendsten Reiseziele der letzten Jahre.

IMPRESSUM

Bibliografische Information der Deutschen Nationalbibliothek
Die Deutsche Nationalbibliothek verzeichnet diese Publikation in der Deutschen Nationalbibliografie; detaillierte bibliografische Daten sind im Internet über http://dnb.d-nb.de abrufbar.

Lektorat: Marit Borcherding, München
Satz und Gestaltung: Benjamin Steigenberger, München
Umschlaggestaltung: Nina Schäfer

Druck und Bindung: G. Canale & C., Rumänien

ISBN 978-3-95451-907-1